D1619982

Claudia Hörnicke

Kinderarmut in deutschen Sozialreportagen

Diplomica® Verlag GmbH

Hörnicke, Claudia: Kinderarmut in deutschen Sozialreportagen, Hamburg, Diplomica
Verlag GmbH 2010

ISBN: 978-3-8366-8874-1
Druck: Diplomica® Verlag GmbH, Hamburg, 2010

Bibliografische Information der Deutschen Nationalbibliothek:
Die Deutsche Nationalbibliothek verzeichnet diese Publikation in der Deutschen
Nationalbibliografie; detaillierte bibliografische Daten sind im Internet über http://dnb.d-
nb.de abrufbar.

Die digitale Ausgabe (eBook-Ausgabe) dieses Titels trägt die ISBN 978-3-8366-3874-6
und kann über den Handel oder den Verlag bezogen werden.

Inhaltsverzeichnis

1 Einleitung

1.1 Vorstellung der Studie

> ``Was Not ist, wissen die hier nicht!`` Eine Mittvierzigerin stürmt mit hochrotem Kopf auf den überfüllten Flur des Sozialamtes. […] Elfriede B. wollte heute neue Schuhe für ihre Kinder und sich beantragen. ``Sechzig Mark dürfen die kosten. Vier Jahre sollen die halten. Zeigen Sie mir doch mal, wo man heute Schuhe für dieses Geld bekommt, die so lange halten.``[1]

> Auch Andrea Thiel geht mit ihren Kindern […] zum Mittagessen in die ``Arche``.[2] [Bei] Familie Thiel [reicht] das Geld ganz oft nicht bis zum Monatsende. […] ``Wir sind schon jetzt am Überlegen, wie wir das mit Weihnachten hinkriegen.``, sagt Thiel.[3]

Zwischen den beiden Äußerungen liegen ganze 24 Jahre. Die Aussage aber bleibt die Gleiche. Den Kindern in Deutschland geht es schlecht und dass dies nicht erst seit kurzem so ist, beweisen uns Zeitungsartikel und Fernsehberichte aus mehreren Jahrzehnten. Die *Große Not der Kleinen*[4] hat ihren Weg endlich in die Öffentlichkeit gefunden. Das Interesse der Gesellschaft am Thema Kinderarmut und Verwahrlosung war nie zuvor so groß. Und was die Aufmerksamkeit erregt, will genau beobachtet sein. *Armes reiches Land*[5] heißt es nun. Kinderarmut ist kein Tabuthema mehr, im Gegenteil. In der Politik wird es heiß diskutiert, in den Medien finden immer mehr Betroffene ein offenes Ohr. Schnell gelangen Streitigkeiten mit den zuständigen Ämtern an die Öffentlichkeit. Vor allem im Fernsehen wird die Thematik in Dokumentationen und Reportagen vermehrt aufgegriffen. Die Sozialreportagen wollen über die Missstände in der Gesellschaft aufklären. Wie und ob sie dies schaffen, soll in diesem Buch untersucht werden. Anhand von praktischen Filmbeispielen werde ich folgenden Fragen nachgehen und mich dabei vor allem an der ausgewählten Thematik orientieren. Wie wird Armut in den Reportagen im Fernsehen darge-

---

[1] KÜRBISCH, FRIEDRICH G. [HRSG.] (1983): *Entlassen ins Nichts: Reportagen über Arbeitslosigkeit 1918 bis heute; ein Lesebuch.* Dietz. Berlin [u.a.]. S.195

[2] Def. Hier: Die Arche ist ein christliches Kinder- und Jugendwerk. In den Einrichtungen werden kostenlos Mittagessen, Hausaufgabenhilfe und Freizeitbeschäftigungen angeboten.

[3] HOLLSTEIN, MIRIAM (2007): Armut – Wie Kinder in Deutschland von Hartz IV leben. http://www.welt.de/politik/article1196405/Wie_Kinder_in_Deutschland_mit_Hartz_IV_leben.html [Datenabruf vom 16.11.2008, um 01:13 Uhr.]

[4] NIEJAHR, ELISABETH (2001): ``Kinderarmut – Die große Not der Kleinen``. http://www.zeit.de/2001/51/200151_kinderarmut.xml [Datenabruf vom 16.11.2008, um 01:31 Uhr.]

[5] RÖDDE, ULF (2007): *Dialog – Armes reiches Land – Deutsche Tafel.* Gewerkschaft Erziehung und Wissenschaft. 1/2007. apm AG Darmstadt.

stellt? Kommen die Berichte glaubwürdig herüber oder wirken sie inszeniert? Werden Stereotype bestätigt oder sogar verstärkt? Sind die gezeigten Emotionen echt und wie reagieren die Zuschauer auf das Format? Was ist eine Sozialreportage und wie wird sie gemacht? Wie sieht Kinderarmut in einem reichen Land wie Deutschland überhaupt aus?

Die Wahl dieses Schwerpunktes hängt stark mit seiner Aktualität zusammen. Zeitungsartikel, Fernsehbeiträge und persönliche Gespräche im Bekanntenkreis über finanzielle Engpässe begleiten einen Tag für Tag. Besonders auffallend waren hierbei die Berichte aus dem Fernsehen, die sich im Gedächtnis festsetzten. Gleichzeitig rückte eine Debatte in den Vordergrund, die sich mit dem Begriff *Unterschichten- fernsehen*[6] einen Namen machte. Zum einen ging es hier um die Unterschicht als Konsument bestimmter Fernsehsender und Fernsehbeiträge, zum anderen aber auch um das Auftreten derselben in den Medien. Im Mittelpunkt der Sozialreportage stehen vor allem Menschen, die am Rande der Gesellschaft leben. Die „gute, alte Sozialreportage"[7], ist plötzlich wieder im deutschen Fernsehen präsent. Das letzte Mal wurde sie in den 70er Jahren wahrgenommen. Doch welchen Ursprung hat sie und welche Entwicklungen musste sie durchlaufen? Dies soll in den theoretischen Vorüberlegungen der Arbeit geklärt werden. Des Weiteren ist ein Überblick über die Situation der Kinder in Deutschland wichtig. Nur wenn man weiß, von welcher Armut gesprochen wird, ihre Ursachen und Erscheinungsformen kennt, kann man sich mit dem Thema in ausgewählten Reportagen objektiv auseinandersetzen und Falschinformationen aufdecken. Die Analyse wird nach einem bestimmten Muster erfolgen. Grundlage bilden die Fernsehanalysen von Eva Dreckmeier in ihrem Buch „Aspekte der Fernsehberichterstattung"[8], in dem sie sich u.a. mit der Sendereihe *Die Reportage* des ZDF beschäftigt. Sie setzt sich nicht nur mit einzelnen Reportagen auseinander, sondern wirft vorher einen Blick auf das Gesamtkonzept der Sendereihe. Ihre Schwerpunkte sind dann die visuelle und auditive Gestaltung der ausgewählten Reportagen, ihre inhaltliche Umsetzung, ihre Dramaturgie und ihr Authentizitätscharak-

---

[6] Def. hier: Unterschichtenfernsehen bezeichnet vor allem das Angebot der privaten Sender, die mehr auf Quote als auf Qualität abzielen. Angeblich wird dieses Fernsehen vor allem von der sozialschwachen Gesellschaftschicht konsumiert.

[7] GÄBLER, BERND (2006): Die Medienkolumne - Die Unterschicht und das Fernsehen. http://www.stern.de/unterhaltung/tv/:Die-Medienkolumne-Die-Unterschicht-Fernsehen/576861.html [Datenabruf vom 16.11.2008, um 01:54 Uhr.]

[8] DRECKMEIER, EVA / HOEFER, GEORG (1994): *Aspekte der Fernsehberichterstattung: zu den Sendereihen ``Die Reportage``, ``Markt im Dritten``, ``Plusminus``, ``WISO``*. Coppi- Verlag. Coppengrave.

ter. Ergänzt wird die Analyse durch Anmerkungen von Benedikt Berg- Walz. Die Frage des Pilatus, die er, in seinem Werk anführt, hatte ich ebenfalls öfter im Kopf, sie lautet:

„Eine Wahrheit? Oder die Wahrheit? Was für eine Wahrheit?"[9]

Selbst im Hinblick auf dokumentarische Filmbeiträge kann man nicht davon ausgehen, dass das was man sieht, der Wirklichkeit entspricht. Zu erkennen, wo von außen mithilfe von medialen Gestaltungsmitteln und geschickten inhaltlichen Veränderungen das ursprüngliche Bild, die ursprüngliche Geschichte abgeändert wurde, ist die Aufgabe einer guten Analyse.

Die Darstellung privaten Lebens im Fernsehen ist in den letzten Jahren zum regelrechten Quotenbringer avanciert. Unter dem Begriff Reality- TV konnte jeder freiwillig oder unfreiwillig in den Blickpunkt der Öffentlichkeit geraten. Warum aber dieses Genre ins Spiel bringen, wenn man sich doch eigentlich mit Sozialreportagen auseinandersetzen will? Ein Grund dafür ist sicherlich, dass immer mehr „alte" Programmformen sich an den Eigenschaften dieses noch recht jungen Sendeformats orientieren. Auch hier wird versucht die Wirklichkeit möglichst genau abzubilden. Es werden Situationen forciert, die für den Zuschauer attraktiv sind. Wird bei Reportagen auf eine sachliche Berichterstattung geachtet, die den Zuschauer über eine Situation aufklären soll und ihn informiert, rücken im Reality- TV Dramatik und Emotionalisierung in den Mittelpunkt. Hierzu gehören beispielsweise Gefühlsausbrüche normaler Personen oder etwa die Verhinderung eines spektakulären Verbrechens durch die Polizei. Diese Situationen sollen möglichst wenig inszeniert wirken. Allerdings sind Person, Situation und Drehort vorher ausgewählt, um somit den gewünschten Effekt herbeizuführen. Diesen Eingriff in die Wirklichkeit umgehen Reportagen, die Inszenierung ist vor allem im Dokumentarfilmbereich nicht gern gesehen. Magazinformate vereinen geschickt Merkmale einer Reportage und des Reality- TV's. Sie finden häufig ihren Platz im Privatfernsehen, werden aber auch immer mehr für die öffentlich- rechtlichen Programme in Betracht gezogen. Für meine Analysearbeit wird es interessant sein, herauszufinden, ob in den ausgewählten Beispielen mit Elementen wie Emotionalisierung, Stereotypisierung und Inszenierung gear-

---

[9]   BERG- WALZ, BENEDIKT (1995): *Vom Dokumentarfilm zur Fernsehreportage.* Verlag für Wissenschaft und Forschung. 1. Auflage. Berlin., S.62

beitet oder aber das wirkliche Abbild der Geschichte eingefangen wird. Die Kamera nur das filmt, was sie vorfindet, der Reporter die Wahrheit erzählt und nicht zusätzlich ins Geschehen eingegriffen wird. Deshalb werde ich unter *Punkt 3* die verschiedenen Analysepunkte näher vorstellen und diese später unter *Punkt 4* an den ausgewählten Reportagen überprüfen.

Welche weiteren Faktoren können bewusst oder unbewusst eine Reportage beeinflussen? Werden beispielsweise bestimmte Strategien eingesetzt, um den Rezipienten an ein Format zu binden? Gibt es hierbei Unterschiede zwischen den Reportagen der privaten und der staatlichen Sender? Unter *Punkt 5* soll deshalb auch auf die Wechselbeziehungen zwischen Zuschauer und Fernsehen eingegangen werden. Wer schaut die aufgeführten Reportagen und aus welchen Anlass? Wie vereinen sich diese Beweggründe mit den Absichten der TV-Sender oder verfehlen diese ihre Ziele? Welches Format kommt bei den Zuschauern besser an? Wer bietet ihnen Identifikationspotenzial, wer regt zum Nachdenken an, wer forciert bloße Unterhaltung oder gar Voyeurismus?

Am Ende wird es interessant sein, zu beobachten, wie die Reportage sich unter diesen Gesichtspunkten weiterentwickeln wird und ob sie ihrem ursprünglichen Anspruch gerecht werden kann. Geht es der Sozialreportage im deutschen Fernsehen immer noch um die Aufklärung über soziale Missstände und wie weit kann sie überhaupt analytische und gesellschaftskritische Ansprüche erfüllen? Dies soll abschließend in Punkt 6 näher erörtert werden.

1.2 Die Unterschicht und das Fernsehen

Die Orientierung des Fernsehens an der Lebenswelt von Privatpersonen hat in den letzten Jahren stark zugenommen. Kaum ein Sender kommt noch ohne Formate aus, die Einblicke in das Leben von Menschen, wie du und ich verschaffen. Das Leben spielt sich auf den Straßen ab, in Schulen, in den Häusern und Wohnungen, auf Sport- und Spielplätzen, auf den Polizei- und Rettungswachen. Tag und Nacht, schreibt das Leben seine Geschichten. Ein großes Interesse scheint dabei an den Erzählungen aus der Unterschicht[10] zu bestehen. Das Fernsehen wird bevölkert von „Repräsentanten einer Parallelwelt, für die sich bisher vornehmlich Soziologen und Sozialarbeiter, Ämter und Besorgte interessiert hatten."[11]

Der Zuschauer erhält Einblicke in fremde Welten, er sucht die nicht alltäglichen. So ist es nicht verwunderlich, dass wenn die Unterschicht auf dem Bildschirm auftaucht, sie durch Extremfälle verkörpert wird. Das sich so leicht Stereotype in den Köpfen der Menschen festsetzen, lässt sich nicht vermeiden. „[Wir beschließen] ins Ghetto zu fahren. Nur dort kommen wir an unverfälschtes Material, nirgendwo sonst stoßen Fernsehen, Fastfood und Fäuste so oft zusammen."[12] Die Darsteller, die zum Thema Kinderarmut im Fernsehen auftreten, sind natürlich Vertreter der untersten sozialen Schicht Deutschlands, aber das muss nicht heißen, dass sie die gängigen Klischees erfüllen. Doch das neue Interesse an bedürftigen Minderjährigen passt nicht jedem. „In der öffentlichen Debatte gelten Kinder mittlerweise als würdige Arme und arbeitsfähige Sozialhilfeempfänger als Unwürdige, die ruhig schikaniert werden dürfen."[13] Der Kölner Politikwissenschaftler Christoph Butterwegge ist empört und fügt hinzu, „Die Existenz von Armut gilt als normal, Kinderarmut jedoch als Skandal."[14] Neue Berichte über die sozialen Problemfälle unserer Gesellschaft,

---

[10]   Def. hier: Der Begriff Unterschicht bezeichnet eine Bevölkerungsgruppe, die verglichen mit anderen sozialen Schichten, über die geringsten finanziellen, kulturellen und gesellschaftlichen Ressourcen verfügt und wenig Ansehen in der Gesellschaft besitzt.

[11]   GÄBLER, BERND (2006): Die Medienkolumne - Die Unterschicht und das Fernsehen.
http://www.stern.de/unterhaltung/tv/:Die-Medienkolumne-Die-Unterschicht-Fernsehen/576861.html
[Datenabruf vom 16.11.2008, um 01:54 Uhr.]

[12]   WIRAG, LINO (2008): ``Kinder in Deutschland – zu arm und zu blöd?`` - Reportage.
http://www.welt.de/satire/article1647898/Kinder_in_Deutschland_zu_arm_und_zu_bloed.html
[Datenabruf vom 16.11.2008, um 01:42 Uhr.]

[13]   NIEJAHR, ELISABETH (2001): ``Kinderarmut – Die große Not der Kleinen``.
http://www.zeit.de/2001/51/200151_kinderarmut.xml
[Datenabruf vom 16.11.2008, um 01:31 Uhr.]

[14]   NIEJAHR, ELISABETH (2001), a.a.O.

sollten in Zukunft versuchen die festgesetzten Vorurteile aufzubrechen und nicht zu vertiefen. Bloße Pauschalisierungen bringen kein Ergebnis. Auch Menschen ohne Stimme haben ein Recht darauf im Fernsehen so dargestellt zu werden, wie sie wirklich sind. Der Reporter darf nicht durch eine einseitige Berichterstattung oder die Kamera durch die Auswahl bestimmter Bilder den Zuschauer um ein möglichst objektives Urteil betrügen. Leider „schwappt [stattdessen; Anm. d. Verf.] immer mehr Volksfestniveau in die Kanäle."[15] Eine Besserung ist nicht in Sicht. Subjektivität überrollt die Formate. Wie die Unterschicht dargestellt wird, soll in der Analyse aufgezeigt werden.

Aber warum erhalten die Vertreter der Unterschicht soviel Aufmerksamkeit? Warum reißt die Welle an Reportagen und Magazinformaten, in denen sie in irgendeinerweise eine Rolle spielen, nicht ab?

Lässt dieses gesteigerte Interesse darauf schließen, wer sich diese Sendungen ansieht? Sprach doch Harald Schmidt vom sogenannten „Unterschicht- Fernsehen", und meinte damit die privaten TV- Sender von denen er kam.[16] Gerade die Privaten haben die sozial Schwachen für ihr Programm entdeckt. Vom *Frauentausch*, über *Die Supernanny* bis zu *Die Ausreißer*, am Ende landet man bei Peter Zwegat der hilft *Raus aus den Schulden*. Konsumiert die Unterschicht sich selbst? Oder lässt sich dies nicht am Gehalt einer Sendung festlegen? Fakt ist, dass es vielen Sendern mehr um eine hohe Einschaltquote geht, als um Programmqualität. Arbeitslose haben am Tag viel mehr Zeit die Inhalte des Fernsehens zu konsumieren. Aber heißt dies automatisch auch, dass die arbeitende Bevölkerung in ihrer Freizeit nur auf anspruchsvolles Programm zurückgreift? Die Beziehung zwischen dem Medium Fernsehen und seinen Zuschauern, soll hier ebenfalls hinterfragt werden.

---

[15] WEGENER, CLAUDIA (1994): *Reality- TV: Fernsehen zwischen Emotion und Information?*. Leske und Budrich. Opladen., S. 53

[16] GÄBLER, BERND (2006): Die Medienkolumne - Die Unterschicht und das Fernsehen. http://www.stern.de/unterhaltung/tv/:Die-Medienkolumne-Die-Unterschicht-Fernsehen/576861.html [Datenabruf vom 16.11.2008, um 01:54 Uhr.]

1.3 Die Fernsehreportage und das Thema Kinderarmut in Deutschland

Die Reaktion der deutschen TV Landschaft auf das Thema Kinderarmut war vielfältig, ist es doch eines der meist diskutierten Themen der gesellschaftspolitischen Debatten in Politik, Wirtschaft und den Medien.

Staatliche wie auch private Sender nahmen sich in den letzten Jahren vermehrt dieser Problematik an. Das war nicht immer so, noch vor ein paar Jahren beschwerte sich Peter Zimmermann in seinem Buch „Dokumentarfilm im Umbruch" über die Themenwahl.

„Was man selten findet, sind gesellschaftlich kontroverse Themen. In der Gesellschaft türmen sich die ungeklärten Fragen von der Alterspyramide über Massenarbeitslosigkeit bis zur Kinderarmut – und in ihren dokumentarischen Programmen der Primetime kurven ARD und ZDF meist elegant herum."[17]

Aber nun verging kaum ein Tag, an dem kein Beitrag und sei er noch so kurz, in Nachrichten- und Magazinsendungen auftauchte. „Aktionen gegen Armut" wurden vorgestellt, „Urlaub für arme Kinder" und „Armutsrisiko Kind" lauteten die Titel der kurzen Beiträge.

Auch das Reality- TV entdeckte das brisante Thema für sich. In Talkshows wurde diskutiert, Selbstverbesserungs- und Hilfeshows versuchten zu zeigen, wie man auch ohne viel Geld gesund für seine Kinder kocht. In den Magazinformaten des Nachmittagsprogramms diverser privater Sender, wurden vermehrt Familien begleitet, die am Existenzminimum leben. Ihr Alltag interessierte die Zuschauer, dafür sprechen vor allem die hohen Einschaltquoten. Geschichten die das Leben schreibt, da wird hautnah mitverfolgt, wie die kleine Vanessa, ihre letzten Spielsachen auf dem Flohmarkt verkauft, damit die Familie endlich in den ersten Urlaub fahren kann. Oder aber Yvonne aus Berlin avanciert zur Oben- ohne- Verkäuferin, um ihrem Sohn ein besseres Leben zu ermöglichen, als es ihr im Moment von Hartz- IV möglich ist. Das Ma-

---

[17] ZIMMERMANN, PETER [HRSG.] (2006): *Dokumentarfilm im Umbruch: Kino, Fernsehen, neue Medien.* UVK. Konstanz., S.110

gazin Explosiv auf RTL widmet den „Hartz- IV- Kindern"[18] sogar einen Dreiteiler und berichtet über „Das Hartz- IV- Mädchen"[19].

Vorreiter waren die Dokumentarfilmer. Sie holten das Thema aus den deutschen Haushalten und brachten es auf den TV-Bildschirm. Hierzu zählt die Dokumentarfilmreihe „Denk ich an Deutschland", in der Folge 5 „Angst spür ich wo kein Herz ist", wird ebenfalls das Thema Kinderarmut aufgerollt. Die Firma Megahertz produzierte 1998 den Film im Auftrag des Bayerischen Rundfunk und des WDR. Die Autorin und Filmemacherin Sherry Hormann „fragt in ihrem Film, wie es um die Zukunft eines Landes steht, in der viele Kinder trotz Reichtum und Wirtschaftskraft keine Zukunft haben. Statt Statistiken lässt sie die Kinder selbst sprechen."[20] Im Rahmen der „Dokumentarfilmzeit" und der 3sat- Themenwoche „Väter, Mütter, Kinder – Familienleben heute" wurde der 1997 produzierte Dokumentarfilm „Mama General" von Peter Heller und Sylvie Banuls ausgestrahlt. „`Mama General`, ist die zentrale Figur des Films über eine Kölner Familie, die seit über 20 Jahren am Existenzminimum lebt."[21] Es handelt sich hierbei um eine dokumentarische Langzeitbeobachtung, die 1998 mit dem Spezialpreis des Prix Europa ausgezeichnet worden war. Auch Arte widmete den „Arme[n] Kinder[n]" einen ganzen Abend. Hier wurden gleich zwei Filme gesendet. Zum einen die Dokumentation „Kinderarmut im reichen Europa" von Valentin Thurn, aus dem Jahre 2006 und „Die Kinder der Arche" von Jan Schwiderek und Viviane Schmidt- Gaster, ebenfalls 2006. Alexandra Gerlach führte damals durch den Themenabend, der mit einer Diskussionsrunde seinen Abschluss fand.[22]

Auf Filme wie diese bauen die Reportagen der öffentlich-rechtlichen Sender auf. Die Dokumentation von Einzelschicksalen wird interessant. Der Zweiteiler „Die Hartz-

---

[18]   RTL (2007): Explosiv 3 Teiler ``Die Hartz- IV- Kinder``.
http://www.rtl.de/tv/tv_948732.php [Datenabruf vom 27.02.2009, um 01:08 Uhr.]
[19]   RTL (2007): Explosiv ``Das Hartz- IV- Mädchen``.
http://www.rtl.de/tv/tv_961364.php
[Datenabruf vom 27.02.2009, um 01:10 Uhr.]
[20]   MEGAHERZ [GMBH] (2001): ``Denk ich an Deutschland`` - Folge 5 ``Angst spür ich wo kein Herz ist" von Sherry Hormann, 1998.
http://www.megaherz.org/content/fs.asp?datei=main_produktionen_serien_denk_ich_start.asp&farbe=2
[Datenabruf vom 16.11.2008, um 01:47 Uhr.]
[21]   vgl. SCHÄCHTER, MARKUS [3SAT] (2006): ``Mama General`` - Dokumentarfilm von Peter Heller und Sylvie Banuls, Deutschland 1997.
http://www.3sat.de/3sat.php?http://www.3sat.de/specials/96157/index.html
[Datenabruf vom 16.11.2008, um 01:49 Uhr.]
[22]   vgl. ARTE (2005): Themenabend: Arme Kinder - Kinderarmut in Europa.
http://www.arte.tv/de/Willkommen/kinderarmut/1055326.html
[Datenabruf vom 16.11.2008, um 01:25 Uhr.]

IV- Schule" aus dem Jahre 2007 von Eva Müller begleitet ausgewählte Schüler der Fröbelschule in Wattenscheid. „Klassenziel: Hartz- IV. Ein Film über Kinder, die zu Hause wenig haben und in der Schule darauf vorbereitet werden, die Probleme ihrer Eltern zu erben.".[23] Die Reportage „Mama hat kein Geld – Kinder am Rande der Gesellschaft"[24] zeigt das traurige Leben des elfjährigen Claudio. In „Suppe und ein Stück Normalität"[25] erhält der Zuschauer Einblicke in die Kinder- Suppenküche in Gütersloh. „Schlange stehen für altes Brot – Armut in Deutschland"[26] stellt die Stralsunder Tafel vor. Klar wird, Armut gibt es überall in Deutschland. Die Bearbeitung der Themen im Privatfernsehen war da nur noch eine Frage der Zeit. Hier werden Geschichten erzählt, Genres vermischen sich, zum Thema Kinderarmut und Arbeitslosigkeit gesellt sich der Begriff der Verwahrlosung. Der Sender VOX zeigt mit der Stern TV Reportage „Aus denen wird doch nix! – Kinder am Rande der Gesellschaft"[27] die wahren Verlierer, eines gescheiterten Systems. Spiegel TV widmete sich noch in diesem Jahr dem Thema, dessen Aktualität nicht abzureißen scheint. Die Reportage „Arm oder reich? Kinder in Deutschland"[28] porträtiert das Leben von Kindern, die nicht unterschiedlicher hätten verlaufen können. Wenn man von Kinderarmut spricht, darf ein Exkurs zu den Straßenkindern nicht fehlen. Sowohl die privaten („ARD Exclusiv Die Reportage: Straßenkinder – Wenn das Zuhause kaputt geht"[29], 2008), als auch die öffentlich-rechtlichen („Focus TV: Straßenkinder und

[23]   WDR (2008): ``Die Hartz- IV Schule`` - Reportage 2008.
http://www.wdr.de/tv/diestory/sendungsbeitraege/2008/0707/index.jsp
[Datenabruf vom 24.02.2009, um 17:26 Uhr.]

[24]   ARD (2007): *`Mama hat kein Geld – Kinder am Rande der Gesellschaft*`, Reportage im Ersten von Liz Wieskerstrauch, 2007.
http://daserste.ndr.de/reportageunddokumentation/rep108.html
[Datenabruf vom 16.11.2008, um 01:08 Uhr.]

[25]   MAGOLEY, NINA (2006): ``Suppe und ein Stück Normalität – Besuch in der Kinder- Suppenküche in Gütersloh`` Reportage.
http://www.wdr.de/themen/panorama/gesellschaft/familie/kinder/suppenkueche/index.jhtml
[Datenabruf vom 16.11.2008, um 01:22 Uhr.]

[26]   MDR [NAH_DRAN] (2008): *`Schlange stehen für altes Brot – Armut in Deutschland*`, Reportage im MDR Fernsehen von Hauke Wendler, 2008.
http://www.mdr.de/nah_dran/5305593.html [Datenabruf vom 05.12.2008, um 12:28 Uhr.]

[27]   STERN TV [VOX] (2008): ``Aus denen wird doch nix! – Kinder am Rande der Gesellschaft`` - Reportage 2007. http://www.stern.de/tv/reportage/:Reportage-VOX-Aus/607339.html
[Datenabruf vom 16.11.2008, um 01:36 Uhr.]

[28]   STERN TV [VOX] (2009): ``Arm oder reich? – Kinder in Deutschland.`` - Reportage 2009.
http://www.stern.de/tv/reportage/:Reportage-VOX-Arm-Kinder-Deutschland/646731.html
[Datenabruf vom 24.02.2009, um 17:27 Uhr.]

[29]   ARD (2008): ARD Exclusiv ``*Straßenkinder – Wenn das Zuhause kaputt geht.*``, Reportage von Detlev Koßmann für den SWR.
http://www.daserste.de/doku/beitrag_dyn~uid,y1k4ugi12avqzq2o~cm.asp
[Datenabruf vom 19.02.2009, um 15:31 Uhr.]

ihre Hunde"[30], 2008) Sender setzen sich mit diesem Thema auseinander. Der Verlust des Zuhauses ist nur eine weitere Stufe materieller und emotionaler Armut. Die drei Reportagen die für die Analyse ausgewählt wurden, beschäftigen sich alle direkt oder indirekt mit dem Thema Kinderarmut in Deutschland. Sie stammen alle aus dem Jahr 2007 und decken sowohl die öffentlich- rechtlichen, als auch die privaten Sender ab. Sie werden zu einem späteren Zeitpunkt noch genauer vorgestellt werden.

---

[30] FOCUS TV (2008): ``Alles für den Hund! Straßenkids und ihre Vierbeiner.``.Reportage. SAT 1
http://www.focus.de/focustv/focustv-reportage/13-10-2008-um-23-10-uhr-in-sat-1-alles-fuer-den-hund-strassenkids-und-ihre-vierbeiner_aid_339237.html
[Datenabruf vom 24.02.2009, um 17:35 Uhr.]

2 Theoretische Vorüberlegungen

2.1 Die Sozialreportage

2.1.1 Zum Einstieg

„Was die Menschen selber angeht, das lesen sie auch."[31] So äußerte sich der Reporter Max Winter schon 1914 zu der Beziehung zwischen Rezipient und der literarischen Reportage. Die Wichtigkeit seiner Arbeit wurde aber erst in den 1980er Jahren wiederentdeckt und er selbst zu einem Pionier und Meister der Sozialreportage ernannt. „Seine Arbeiten hatten das Genre sowohl thematisch als auch methodisch und formal weiterentwickelt. […] Winter besaß weit über die Grenzen des Landes Reputation als Reporter."[32] Grund genug, mit ihm die theoretischen Vorüberlegungen zur Gattung der Sozialreportage zu beginnen.

Denn um die Entwicklung der Reportage und dann später noch genauer, die der Fernsehreportage zu klären, ist es wichtig, zuerst die Geschichte der geschriebenen Reportage und die Rolle die dabei dem Dokumentarfilm zukommt, kurz anzureißen.

Aber eins lässt sich schon von vornherein sagen, „die Reportage ist […] ein dokumentarisches Genre, das in der Literatur seinen Ursprung hat und in der Zeitungspraxis, später dann im Rundfunk weiterentwickelt wurde."[33] Ob sie ihre Vollendung im Fernsehen finden wird, wird das Ergebnis der Analyse zeigen. Deshalb sollte auch die Entwicklung der Fernsehreportage kurz voran gestellt werden. Der Rolle des Reporters wird hier eine gesonderte Aufmerksamkeit zu teil.

Außerdem muss die Problematik der Kinderarmut in Deutschland näher vorgestellt werden. Wichtig ist es vor allem, ihre Ursachen, Auswirkungen und Erscheinungsformen zu nennen. Nur mit dem richtigen Hintergrundwissen kann man sich dann damit beschäftigen, ob die Reportagen das Thema ausreichend darstellen.

---

[31] WINTER, MAX (2007): *Expeditionen ins dunkelste Wien: Meisterwerke der Sozialreportage.* Picus Verlag. 2. Auflage. Wien. Haas, Hannes (Hrsg.), S.20
[32] WINTER, MAX (2007): a.a.O., S.11
[33] DRECKMEIER, EVA / HOEFER, GEORG (1994): *Aspekte der Fernsehberichterstattung: zu den Sendereihen ``Die Reportage``, ``Markt im Dritten``, ``Plusminus``, ``WISO``.* Coppi- Verlag. Coppengrave., S.11

2.1.2 Die Geschichte der Reportage

Der Reisebericht ist wohl die Urform der Reportage oder aber die packenden Geschichten am Lagerfeuer, wenn man noch weiter zurückgehen möchte.

Der Reisende ist sozusagen der Augenzeuge seiner eigenen Geschichte und steht somit für deren Authentizität. Seit der Antike gibt es Berichte und Schilderungen von großen Schlachten oder Katastrophen. Seitdem die Menschheit auf Entdeckungsreise ging und die Welt um sich herum immer mehr erschloss, erlebten die Reiseberichte einen regelrechten Boom.

> Die Reportage ist eine bestimmte Kommunikationsform und ein uraltes Genre des Erzählens. Der literarische Reise-, Augenzeugen- und Erlebnisbericht ist der Ursprung der Gattung. Diese Reportagenarten hatten zur Aufgabe, Distanzen zu überwinden (…), Barrieren zu überschreiten, um den Leser und Hörer Fernes, Fremdes und Unbekanntes durch die vor Ort Schilderung des Reporters nahe zu bringen. Die Reportage funktionierte […] als Brücke zu den Ereignissen.[34]

Im 17. Jahrhundert entstanden die ersten Zeitungen und Zeitschriften und der Beruf des Journalisten war geboren.

Kurz darauf entdeckte man, dass man mit Journalismus nicht nur berichten konnte, sondern vor allem auch tiefergehend informieren und das Volk wachrütteln konnte. Die Zeitung besaß großes politisches Potenzial. Mit der Industrialisierung entwickelte sich der Journalismus zur Massenpresse.[35]

Jeder der lesen konnte, hatte die Möglichkeit, sich über aktuelle Ereignisse in seiner unmittelbaren Umgebung oder aber auch weltweit zu informieren. Dennoch ließ die Authentizität und die Qualität der Artikel in der Anfangszeit zu wünschen übrig. Reporter galten als „Kehrrichtsammler der Tatsachenwelt".[36]

> Trotz der Tatsache, dass Alltägliches inzwischen literaturfähig geworden war, standen die einfachen Reporter in den Zeitungen ganz unten […]. Sie wurden nach Zahlen bezahlt und ihre Artikel sagten oft mehr über den Voyeurismus ihrer Leser aus, und den Zwang des Reporters, Geld zu verdienen, als über die Wirklichkeit.[37]

---

[34]   DRECKMEIER, EVA / HOEFER, GEORG (1994): *Aspekte der Fernsehberichterstattung: zu den Sendereihen ``Die Reportage``, ``Markt im Dritten``, ``Plusminus``, ``WISO``*. Coppi- Verlag. Coppengrave., S.11

[35]   WITZKE, BODO / ROTHAUS, ULLI (2003): *Die Fernsehreportage*. UVK- Verlag- Ges.. Konstanz., S.36

[36]   WITZKE, BODO / ROTHAUS, ULLI (2003): *a.a.O.,* S.39

[37]   WITZKE, BODO / ROTHAUS, ULLI (2003): *a.a.O.,* S.39

Böse Zungen behaupteten gar, dass es dem Reporter nicht nur genügen würde, genug Todeszahlen zu nennen, nein er müsste auch noch die Leute zucken sehen, bevor diese starben.[38]

Erst nach und nach, entwickelten sich die unterschiedlichen Gattungen der Reportage. So hatte die soziologische Reportage den Anspruch, ihre Leser auf Missstände aufmerksam zu machen. Besonders sozial engagierte Journalisten wurden in den USA unter dem Begriff *muck rakers* – also *Schmutzaufwirbler* bekannt. „Die *muck rakers* behandelten die inoffizielle Realität der Stadt, die Wirklichkeit unter der sichtbaren, vorgezeigten Oberfläche, sie suchten die *hidden story*. [Die Geschichte hinter der Geschichte; Anm. d. Verf.]"[39] Bekannte *Schmutzaufwirbler* des deutschsprachigen Raumes waren Victor Adler (1852- 1918) und Max Winter (1870- 1937).

> Historiker erkennen in seinen [Max Winters; Anm. d. Verf.] Sozialreportagen Vorläufer und Quellen für moderne Alltagsgeschichtsforschung. […] Sein journalistisches Programm hieß Aufklärung und Aufdeckung. Er war bestrebt, Missstände durch stringente Beweisführung aufzuzeigen, Verantwortliche zu nennen und Verbesserungen zu erzwingen. Er wollte das öffentliche Gewissen aufrütteln und Veränderungen erreichen.[40]

Max Winter suchte die Nähe zu den Menschen, über die er schrieb. Er sprach und lebte mit ihnen, nur so konnte er die Distanz zwischen ihnen überwinden und ein anteilnehmender Leidensgefährte werden, wenn auch nur zeitlich begrenzt. „Rollenrecherchen machten es ihm möglich, nicht von außen, sondern von innen, von *ganz unten*, den außergewöhnlichen und den Leserinnen und Lesern fremden Alltag von Benachteiligung zu schildern."[41] Winter berichtet detailreich, um im Leser ein richtiges Bild zu erzeugen, beste Beispiele dafür in Bezug auf das Thema Armut sind seine Rollenreportagen „Eine Stunde in der Wärmestube" und „Eine Nacht im Asyl für Obdachlose".[42]

In Deutschland kam es mit Beginn des Nationalsozialismus zu einem Abriss der Diskussionen um die Formen einer Reportage. Denn nun wurde fortan jede Art des Journalismus nur noch zu Propagandazwecken genutzt. Nach Ende des 2. Weltkrieges hieß es, „[d]ie Reportage mit ihren subjektiven und zufälligen Elementen [wäre]

---

[38] WITZKE, BODO / ROTHAUS, ULLI (2003): *a.a.O.,* .S.39
[39] WITZKE, BODO / ROTHAUS, ULLI (2003): *a.a.O.,* .S.41
[40] WINTER, MAX (2007): *Expeditionen ins dunkelste Wien: Meisterwerke der Sozialreportage.* Picus Verlag. 2. Auflage. Wien. Haas, Hannes (Hrsg.), S.12
[41] WINTER, MAX (2007): *a.a.O.,* S.22
[42] WINTER, MAX (2007): *a.a.O.,* S.29 ff.

verdächtig und wurde (zunächst) abgelehnt.“[43] Zusammenfassend entwickelten sich aber dennoch fünf Formen. Hierzu gehörten die Reisereportage, die Event- Reportage, die journalistische Reportage, die literarische Reportage und die soziologische Reportage.[44] Da vor allem die journalistische und die soziologische Reportage für meine Arbeit von Bedeutung sind, konzentriere ich mich auf diese beiden Formen. Es sei aber gesagt, dass es keine klaren Abgrenzungen zwischen den einzelnen Reportagetypen geben kann.

Die journalistische Reportage untersucht neue und berichtenswerte Geschehnisse in einer Gesellschaft, oder aber greift Themen auf, die von der Mehrheit verdrängt werden. „Im schlechtesten Fall weist sie nach, dass Journalismus eine Ware und die Lust der Leser auf Voyeurismus groß ist. Im besten Fall informiert sie über Aktuelles, Relevantes, Interessantes, Virulentes und schafft Verständnis.“[45] Die soziologische Reportage „versucht Typisches mit Leben zu füllen. Im schlechtesten Fall versinkt sie in Statistiken und in langweiligen Allerweltsbeobachtungen. Im besten Fall führt sie die Öffentlichkeit in unbekannte oder verdrängte soziale Welten.“[46] Die Themen die sie aufgreift, müssen nicht immer aktuell oder besonders angesehen sein.

Ende der 50er Jahre, Anfang der 60er Jahre war die Filmtechnik endlich bereit für den Dreh moderner Fernsehreportagen. Der Beginn der Filmgeschichte wird allgemein mit dem 28.12.1895 datiert, als die Gebrüder Lumière in Paris zur ersten öffentlichen Filmvorführung luden. „Die Brüder Lumière machten die Kamera zum Beobachter. Der Zuschauer identifizierte sich mit ihr und konnte sich so als Augenzeuge fühlen.“[47] Die 8-12 Meter kurzen Filme wurden als Reportagen oder Dokumentarfilme bezeichnet oder als lebendige Fotografien. „Das Leben selbst, auf frischer Tat ertappt […].“[48], hieß es. Die Filme der Lumière Gebrüder hatten allerdings noch zu wenig Geschichte, als das sie die Zuschauer dauerhaft packen konnten. Das fehlende Teilstück erhielten sie von dem Illusionisten Méliès, für den „die Kamera eine Ergänzung und Bereicherung seines Theaterrepertoires“[49] war. Seine Verbindung der Magie des Theaters mit der fotografischen, ließ die Filmmagie entstehen.

---

[43]   WITZKE, BODO / ROTHAUS, ULLI (2003): *Die Fernsehreportage.* UVK- Verlag- Ges.. Konstanz., S.41
[44]   vgl. WITZKE, BODO / ROTHAUS, ULLI (2003): *a.a.O.,* S.42
[45]   WITZKE, BODO / ROTHAUS, ULLI (2003): *a.a.O.,* S.42
[46]   WITZKE, BODO / ROTHAUS, ULLI (2003): *a.a.O.,* S.42
[47]   WITZKE, BODO / ROTHAUS, ULLI (2003): *a.a.O.,* S.44
[48]   WITZKE, BODO / ROTHAUS, ULLI (2003): *a.a.O.,* S.43 f.
[49]   WITZKE, BODO / ROTHAUS, ULLI (2003): *a.a.O.,* S.44

Die moderne Reportage kann sicher als eine Verschmelzung der beiden alten Antipoden gesehen werden. Sie erzählt eine Geschichte und die direkte Augenzeugenschaft vermittelt Authentizität und Realitätsnähe.[50]

2.1.3 Die Entwicklung der Fernsehreportage

Die Geschichte der Fernsehreportage beginnt in der BRD Mitte der 50er Jahre. Man entdeckte sich selbst und die große weite Welt. Viel gesehene Sendereihen waren u.a. *Bilder aus der neuen Welt, Auf der Suche nach Frieden und Sicherheit* und *Zeichen der Zeit.* Die erste große Reportage hieß *Musuri – Es geht aufwärts am Kongo,* aus dem Jahre 1954. Erst 1963 ruft Peter Zahn die ZDF Sendereihe *Windrose* ins Leben.[51] Der formale Trend zur Versachlichung des Fernsehangebots der 50er Jahre, war laut Dr. Benedikt Berg-Walz aber nicht gleichzeitig auch ein Gewinn an Information oder Objektivität, sondern eher eine Vortäuschung derselben.[52] Bis Mitte der 50er Jahre waren Kulturfilme Schwerpunkte der Reportage, erst später nahm die Bedeutung von Hintergrundberichten und Stellungnahmen im Fernsehen zu großen politischen und gesellschaftlichen Themen zu. Mit Beginn der 60er Jahre wird das NDR Magazin *Panorama* gegründet, das mit zeitkritischen Dokumentationen auf Sendung geht. In den 70er Jahren kommt die Fernsehreportage in Folge der Studentenbewegungen in Schwierigkeiten. „Die Suche nach möglichst viel Objektivität statt Sinnlichkeit hatte der Reportage mit ihrer erkennbaren Subjektivität in den Anstalten sehr zugesetzt.“[53] In den 80er Jahren wurden neue Sendereihen gegründet, darunter die ARD- Reihe: *Gesucht wird...* und die ZDF- Reihe: *die reportage.* Später musste man sich zunehmend in der Konkurrenzsituation mit den kommerziellen Sendern behaupten. Die ARD gründete nun die Reportagereihen *ARD- exclusiv* und *Zündstoff.*[54]

In den nun folgenden Reportageformen werden fast- oder mittelaktuelle Informationen mit Unterhaltungselementen verbunden. Sie sind nicht an tagesaktuelle Themen gebunden, sondern stellen allgemeine, menschliche, kulturelle, politische oder soziale Bezüge her, die nur von mittelfristiger Bedeutung sind. Dem Zuschauer präsentiert sich ein überschaubares Faktengeflecht, auf das er sich leicht einlassen kann. Die nicht zu vielen Protagonisten, meist 3 bis 4, bieten ihm außerdem eine Identifikationsfläche. Hierzu zählt die „große Reportage" eines nicht aktuellen, aber relevanten sozialen oder politischen Themas.

---

[51]   vgl. BERG- WALZ, BENEDIKT (1995): *Vom Dokumentarfilm zur Fernsehreportage.* Verlag für Wissenschaft und Forschung. 1. Auflage. Berlin., S.105

[52]   vgl. BERG- WALZ, BENEDIKT (1995): *a.a.O.,* S.105

[53]   BERG- WALZ, BENEDIKT (1995): *a.a.O.,* S.107

[54]   vgl. BERG- WALZ, BENEDIKT (1995): *a.a.O.,* S.107

Durch längere Beobachtung und Schilderung werden die Handelnden den Zuschauern bekannt und vertraut. Die Zuschauer haben Gelegenheit und Zeit zur Identifikation oder zumindest zum Kennenlernen. Dabei geht es um mehr als das Herausnehmen einzelner Personen als menschliches Exempel, wie dies im Feature der Fall wäre.[55]

Hierzu zählen aber auch das Portrait und die investigative bzw. aufdeckende Reportage, die einen Einblick in verborgene Bereiche gewähren.

Einen weiteren großen Bereich nehmen Reportagen mit exotischen Themen ein. „Die Darstellung des Fremden ist im Fernsehen ein beliebtes und verbreitetes Thema. Es gibt hinreichend Sendungen vom anderen Ende der Welt, in denen das Abenteuer, das faszinierend Fremde, das Exotische angesiedelt ist."[56]

Der Fernsehreportage werden einige charakteristische Merkmale zugeschrieben, die schon für die literarische, wie auch journalistische Reportage von Bedeutung waren. Der Berichterstatter fasst subjektiv Erlebtes vom Ort des Geschehens in Worte, das zusätzlich durch passende Bilder verstärkt wird. Das aufgenommene Bildmaterial ist dabei immer authentisch, hierzu zählen menschliche Situationen, Geräusche, Handlungen und Äußerungen von Beteiligten. Die Kamera beobachtet alles, um den Zuschauer mit der Situation und den Handelnden vertraut zu machen. Später am Schneidetisch findet dann durch Auswahl und Anordnung des Filmmaterials die Gestaltung statt.[57]

Mit der Fernsehreportage können sowohl subjektive Ansichten, wie auch Fakten vermittelt werden. Erzählende und dramaturgische Techniken helfen dem Zuschauer, sich an den gezeigten Ereignissen zu beteiligen. „Diese Teilhabe gelingt (oder misslingt) in dem Maße, in welchem die Zuschauer die Identifikation mit dem thematisierten Personen oder Zusammenhängen ermöglicht wird."[58] Hierbei muss darauf geachtet werden, dass es nicht zu einer Verallgemeinerung des Sachverhalts kommt. Durch das Hervorrufen von echtem oder vermeintlichem Mitleid mit dem positiven oder negativen Helden, spricht die Reportage neben den Informations- auch die Unterhaltungsbedürfnisse der Zuschauer an. Dies gerät zunehmend in Kritik, da die Unterhaltungskomponente droht die Überhand zu gewinnen.

---

[55] BERG- WALZ, BENEDIKT (1995): *a.a.O.*, S.108
[56] BERG- WALZ, BENEDIKT (1995): *a.a.O.*, S.109
[57] DRECKMEIER, EVA / HOEFER, GEORG (1994): *Aspekte der Fernsehberichterstattung: zu den Sendereihen ``Die Reportage``, ``Markt im Dritten``, ``Plusminus``, ``WISO``*. Coppi- Verlag. Coppengrave., S.12
[58] BERG- WALZ, BENEDIKT (1995): *Vom Dokumentarfilm zur Fernsehreportage*. Verlag für Wissenschaft und Forschung. 1. Auflage. Berlin., S.110

Laut Kommunikationswissenschaftler Dr. Benedikt Berg- Walz scheitert man oft an der Formvielfalt und der Lebendigkeit der unterschiedlichen Reportagegestalten und Reinhard Appel spricht davon, dass die Fernsehreportage eher einer Zeitungstitelge- schichte gleicht.[59] Sie ist demnach aktuell, informativ und populär und spricht ein breites, weniger spezifiziertes Publikum an. Sie braucht den Augenzeugen und er- zählt eine Geschichte. So wird dem Zuschauer das Miterleben ermöglicht. Sie fokus- siert meist einen speziellen Aspekt und nutzt die ihr zur Verfügung stehende subjek- tive Freiheit in der Bearbeitung des Themas. Der ZDF- Verantwortliche Walter Mi- scho, zuständig für die Reportagen aus Wirtschaft-, Sozial- und Umweltpolitik meint, das die Reportage „vereinfacht gesagt […] unter dem Motto: *Ich und das Problem* [steht], während eine Dokumentation zum Beispiel in der Reihe *Zündstoff* der Frage nachgeht: Wo ist der Schurke?"[60] Der Reporter bezieht in seiner Reportage einen Standpunkt, sie wird somit zu einem Augenzeugenbericht. Dennoch vermittelt sie dem Zuschauer oft nur Eindrücke und keine Hintergründe.

Die Fernsehreportage weist meist eine Länge von 30-45 Minuten auf. Auf einer Ska- la in der Objektivität ganz oben steht und Subjektivität am Ende, steht sie im Mittel- feld, aber weit unter der Dokumentation. Der Reporter muss für den Zuschauer klar ersichtlich, die Grenzen seines Blickfeldes definieren und dennoch Nähe und Aktua- lität vermitteln. Der „Stil der Reportage zielt auf Vergegenwärtigung."[61]

Zudem gibt es Unterschiede zwischen einem Dokumentaristen und einem Reporter. Der Reporter muss vor Ort gewesen sein, der Dokumentarist nicht. Der Reporter braucht unmittelbare, eigene Eindrücke, während der Dokumentarist sein Wissen aus vielfältigen, umfassenden Informationsquellen bezieht und nüchtern an die Sache herangeht, eine Draufsicht der Dinge beschreibt, schildert der Reporter mehr die In- nenansicht und mischt die Mitteilung der eigenen Betroffenheit unter. Der Reporter soll als Person identifizierbar sein, da dem Zuschauer so Zustimmung oder Abnei- gung leichter fallen.[62] Trotz der Unterschiede, gehen Dokumentation und Reportage einen gemeinsamen Weg. Für Dokumentation und Reportage sind meistens „außer- gewöhnliche Ereignisse – ungewöhnliche Beobachtungen und Perspektiven – Men-

---

[59]   BERG- WALZ, BENEDIKT (1995): *Vom Dokumentarfilm zur Fernsehreportage*. Verlag für Wissen- schaft und Forschung. 1. Auflage. Berlin., S.92
[60]   BERG- WALZ, BENEDIKT (1995): *a.a.O.*, S.93
[61]   BERG- WALZ, BENEDIKT (1995): *a.a.O.*, S.96
[62]   WITZKE, BODO / ROTHAUS, ULLI (2003): *Die Fernsehreportage*. UVK- Verlag- Ges.. Konstanz., S.82

schen, die etwas Außergewöhnliches machen – Einblicke, die gesellschaftliche Probleme erhellen […] [und] Filme, die zeigen, wie Menschen leben."[63] von tiefster Bedeutung. Um sich auf diese Themen wirklich einzulassen, braucht es Zeit, deshalb reichen für eine tiefergehende Bearbeitung keine kurzen Nachrichtensendungen aus. Ein eigenständiges Format wird benötigt. Hier kommen Dokumentarfilm und Reportage ins Spiel und versuchen den Anforderungen gerecht zu werden.

Neben den längeren Fernsehreportagen findet man in der TV- Landschaft aber auch Fernsehmagazine. „[…] ein Moderator mit persönlich gefärbten, verbindenden Texten [präsentiert] Einzelbeiträge verschiedener Autoren […], [stellt] Verbindungen [her] und [interpretiert] gegebenenfalls Beiträge."[64] Fernsehmagazine erscheinen meist periodisch unter einem gleichbleibenden Titel und je nach ihrer inhaltlichen Zusammensetzung umfassen sie alle Stoffgebiete der Fernsehproduktion.

> Fernsehmagazine lassen sich demnach bestimmen als Sendeplatz eines stark personalisierten Vorzeigejournalismus, der kurze, nicht ausführlich behandelte Beiträge zu verschiedenen Themen, die keiner längeren Sendezeit für wert befunden werden oder für die aktuell keine längere Sendezeit zu haben ist, aneinanderreiht.[65]

Schon allein deshalb werden wir in einem Fernsehmagazin keine wirklich umfassenden Informationen vorfinden. Die Beitragslänge beträgt im Schnitt etwa fünf Minuten und monothematische Magazinsendungen bilden eher die Ausnahme.

Die Clipästhetik wird nur durch den Moderator durchbrochen, der als Fixpunkt dient und den Zuschauer am *Zapping*[66] hindern soll. Die heutige Bedeutung der TV-Magazine mit einer längeren Sendezeit liegt darin, dem Zuschauer eine Plattform zu bieten, sich über aktuelle Themen kurz zu informieren bzw. sein Wissen zu erweitern. Kritiker bemängeln allerdings die Wirklichkeitsdarstellung der Fernsehmagazine. Besonders die kommerziellen Sender haben viele Sendereihen hervorgebracht, darunter *Focus*, *Spiegel TV*, *Stern TV* und *EXTRA* die bis heute erhalten geblieben sind. Die ersten politischen Fernsehmagazine waren hingegen auf den öffentlich rechtlichen Kanälen zu sehen. Erfolge feierten die Magazine *Panorama*, *Weltspiegel* und *Monitor*. Später zogen dann die Privaten immer mehr nach. Allen voran Alexan-

---

[63]   SCHOMERS, MICHAEL (2001): *Die Fernsehreportage: von der Idee zur Ausstrahlung; Reportage, Dokumentation, Feature; ein Buch für Einsteiger im Film- und TV- Business*. FAZ- Inst. Für Management-, Markt- und Medieninformation. Frankfurt am Main., S.23
[64]   BERG- WALZ, BENEDIKT (1995): *a.a.O.*, S.110
[65]   BERG- WALZ, BENEDIKT (1995): *a.a.O.*, S.111
[66]   Def. hier: Als Zapping wird das permanente Umschalten von einem TV-Kanal zum nächsten beschrieben. Immer auf der Suche nach Informationen oder Unterhaltung, die einen interessieren.

der Kluge, der mit seiner deutsch- japanischen Produktionsfirma *DCTP*, Formate bei den Sendern *SAT 1* , *VOX* und *RTL* einbrachte. Hierzu gehören *Stern TV*, *SZ-TV* (Süddeutsche Zeitung), *Zeit- TV* und *NZZ- TV* (Neue Züricher Zeitung). Das *Flaggschiff der Informationsvermittlung* sei aber, laut EX- RTL Chef Helmut Thoma immer noch das Format *Spiegel TV.* [67]

„Dokumentationen haben sich in der Primetime großer TV – Anbieter etabliert und sind sowohl auf Produktions- wie auf Senderseite längst zu einem wichtigen Marktfaktor avanciert. Auch die Entwicklung von dokumentarischen bzw. doku- affinen Sparten- Angeboten (Phoenix, XXP, Terra Nova, History Channel, N24, n-tv) ist so dynamisch wie in kaum einem anderen Programmbereich."[68]

Hierbei wird deutlich, dass „klassische Dokumentationen und Reportagen, zumal zu politischen und gesellschaftlichen Themen, […] eine Domäne der öffentlich- rechtlichen Sender [sind]."[69] Die Privaten setzen eher auf serielle Formate und teure Doku- Events im Bereich Infotainment und auf Lifestyle- Magazine. „Diese Grundstruktur hat sich seit 1998 bis heute relativ stabil gehalten."[70] Nonfiktionale Programme nehmen aufgrund ihrer vergleichsweise geringen Produktionskosten in der TV-Landschaft deutlich zu. Aber dieser Trend bezieht weniger Dokumentationen und Reportagen ein, sondern zielt auf neue innovative Unterhaltungsformate ab.

Die Konkurrenz ist groß und so versucht auch das öffentlich- rechtliche Fernsehen noch stärker als zuvor durch Sendungstypen wie Magazine, Talk- Shows, Fernsehserien und dokumentarische Reihen sowie durch die Formatierung möglichst vieler Sendungsformen dem Zuschauer Orientierungsmöglichkeiten im Programm zu verschaffen.[71]

> Mit der Wiedererkennbarkeit einzelner Programmformen, Themen, Personen und Designs hofft man die Corporate Identity und damit auch die Bindung der Zuschauer an den jeweiligen Sender festigen zu können. Dem dient auch der Trend zu Infotainment und Docutainment, dem zunehmenden Zwang zu unterhaltsamen Gestaltung dokumentarischer Programme bis hin zu Doku- Soaps und Reality- TV.[72]

---

[67]   vgl. BERG- WALZ, BENEDIKT (1995): *Vom Dokumentarfilm zur Fernsehreportage.* Verlag für Wissenschaft und Forschung. 1. Auflage. Berlin., S.117

[68]   ZIMMERMANN, PETER [HRSG.] (2006): *Dokumentarfilm im Umbruch: Kino, Fernsehen, neue Medien.* UVK. Konstanz., S.35

[69]   ZIMMERMANN, PETER [HRSG.] (2006): *a.a.O.,* S.43

[70]   ZIMMERMANN, PETER [HRSG.] (2006): *a.a.O.,* S.43

[71]   vgl. ZIMMERMANN, PETER [HRSG.] (2006): *a.a.O.,* S.96

[72]   ZIMMERMANN, PETER [HRSG.] (2006): *a.a.O.,* S.96

Der Ruf der Dokumentarfilmer scheint sich dadurch nur weiter zu verschlechtern. „Einst Fürsten der Kultur, Prinzen der Weisheit, Könige der Wahrheit und begehrte Geschichtenerzähler sind die Dokumentarfilmer nun zum Elendsproletariat der Medien mutiert."[73] Nur wenige haben die Zeichen der Zeit erkannt, sich zusammengeschlossen und eine Nische gesucht. Sie aber müssen sich mit seriellen Formaten und „Brot und Butter" Beiträgen über Wasser halten, um dann alle drei Jahre den Versuch zu wagen, ein ambitioniertes Projekt zu verwirklichen. „Das beherrschbare, planbare, verwechselbare, in das Sendeschemata passende Format ist der Hierarchie allemal lieber als das unpassende, nicht kontrollierbare Einzelstück."[74]

Mit der Entwicklung des Fernsehens entstand ein vom Journalismus beeinflusstes Formenrepertoire. Magazin, Feature, Reportage, Dokumentation und Bericht versuchten dem Anspruch einer „möglichst sachlichen und tatsachengetreuen Vermittlung von Informationen"[75] gerecht zu werden.

> *Verfilmter Hörfunk* war der oft erhobene Vorwurf gegen journalistische Sendeformen wie Feature, Dokumentation und Reportage, bei denen die Bilder oft nur dazu da waren, um den Kommentar auf den Bildschirm zu bringen. Illustration eines vorgefertigten Wirklichkeitsbildes statt Erkundung der Realität vor der Kamera, so lautete die Kritik vieler Dokumentarfilm- Autoren.[76]

Die Titel der Reportagen und Dokumentationen spekulieren immer mehr mit Angstlustthemen um die Gunst der Zuschauer. Je besser eine Dokumentation im Sendeplan platziert ist, desto formatierter fällt sie aus, um möglichst viele Zuschauer zu erreichen. „Die Tendenz zur Fiktionalisierung dokumentarischer Stoffe in Bild, Dramaturgie und auch, sehr wichtig, im Ton, hat in den letzten Jahren zu einigen dokumentarisch- fiktionalen Mischformen geführt."[77] Erfolg hatten dabei vor allem dokumentarische Selbstversuche. Dabei wurde aber klar, dass sich nicht alle Stoffe für das serielle Erzählen eignen. Gut machen sich hierbei immer Alltagsgeschichten oder alle Arten von Schulen. Großen Erfolg hatten die Sendereihen *Schwarzwaldhaus 1902* und *Leben im Gutshaus*. Viele neue Formen des Dokumentarismus wurden anscheinend selbst den Machern unheimlich und so kehrt man zunehmend zurück zu den Wurzeln.

---

[73] ZIMMERMANN, PETER [HRSG.] (2006): *a.a.O.,* S.57
[74] ZIMMERMANN, PETER [HRSG.] (2006): *a.a.O.,* S.77
[75] ZIMMERMANN, PETER [HRSG.] (2006): *a.a.O.,* S.86
[76] ZIMMERMANN, PETER [HRSG.] (2006): *a.a.O.,* S.88
[77] ZIMMERMANN, PETER [HRSG.] (2006): *a.a.O.,* S.131

2.2 Armutszeugnis: Kinderarmut im reichen Europa

2.2.1 Kurze Einführung in die aktuelle Lage in Europa am Beispiel der Bundesrepublik Deutschland

Das Thema Kinderarmut ist schon lange nicht mehr nur in dritte Welt Ländern aktuell. Immer mehr müssen auch die Bewohner der westlichen Welt feststellen, dass sie die Zukunftsträger ihres Landes zu sehr vernachlässigt haben. So sind beispielsweise die europäischen Länder in ihrer Wirtschaftsleistung und ihrem Lebensstandard so unterschiedlich, dass das Bild der Armut sehr vielschichtig ausfällt. Erst jetzt werden vermehrt Forderungen nach frühen Hilfen, Änderungen im Gesundheits- und Bildungswesen, nach Chancengleichheit und einer intensiveren Bekämpfung der Armutsfolgen laut.

Der Sozial- und Bildungsforscher Prof. Dr. Christoph Butterwegge spricht davon, dass auch in Deutschland die Lebenswirklichkeit vieler Menschen wieder mit harten Zeiten durchaus zutreffend charakterisiert werden kann.[78] Die Sozialhilfe, die viele Haushalte mit Kindern in Deutschland erhalten, soll das Existenzminimum der Bedürftigen absichern. Aber sie wird immer mehr zu einer Existenzgrundlage. Jedes Bundesland in Deutschland hat hierfür geregelte Höchstsätze, von denen sich ein Mensch das kaufen kann, was er zum Leben braucht. Miete und Heizgeld werden demnach zusätzlich vom Sozialamt übernommen.

Die Auswirkung der Gesetzesreform Hartz- IV auf die Entwicklung von Kinderarmut wurde 2005 erstmals untersucht.

> Demnach ist seit der Einführung des Arbeitslosengelds II [...] die Zahl der von *relativer* Kinderarmut betroffenen Minderjährigen unter 15 Jahren auf den negativen Rekordhöchststand von 1,7 Millionen angestiegen – über 1,5 Millionen Kinder und Jugendliche davon lebten allein auf Sozialhilfeniveau.[79]

Weitere hätten durchaus Anspruch auf Hilfe, nehmen diese aber aus Gründen wie Scham oder Unwissen nicht an. In den neuen Bundesländern ist die Anzahl der von Armut betroffener Kinder und Jugendlicher fast doppelt so hoch wie in den alten

---

[78] vgl. BUTTERWEGGE, CHRISTOPH [HRSG.] / L`HOEST, RAPHAEL (2000): *Kinderarmut in Deutschland: Ursachen, Erscheinungsformen und Gegenmaßnahmen.* Campus- Verlag. 2. durchges. Auflage. Frankfurt [u.a.]., S.11

[79] FEUSTEL, ELKE (2007): ``*Neue Kinderarmut*`` *in Deutschland: Ursachen, Folgen, Lösungsansätze. Forschungsinstitut für Philosophie.* Hannover., S.18

Bundesländern. „Deutschland rangierte damit im oberen Mittelfeld der europäischen Länder, die den höchsten Anteil an Kinderarmut aufwiesen."[80]

Wichtig zu wissen ist, dass neben den offiziellen Daten immer noch eine sehr hohe Dunkelziffer existiert. Gerade die Kinder, die in unmittelbarer Gefährdung leben, selbst arm zu werden, tragen ein großes Risiko, da sie vorerst keine Unterstützung vom Staat erhalten, sondern dieser erst aufmerksam wird, wenn es zu spät ist.

Die Gestaltung positiver Rahmenbedingungen für Familien wird Maßstab und Faktor einer nachhaltigen Zukunftsgestaltung werden müssen. Deutschland liegt nicht nur im Gesamtranking der OECD (Organisation für wirtschaftliche Zusammenarbeit und Entwicklung) im Mittelfeld der beteiligten Länder, sondern auch bei den einzelnen Dimensionen, wie materieller Wohlstand, Gesundheit, Bildung, Beziehungen, Verhalten und subjektivem Empfinden.[81] Laut einer aktuelleren UNICEF- Studie aus dem Jahre 2005 lebt nun schon jedes zehnte Kind in Armut. „Die Kinderarmut in Deutschland ist laut Studie stärker angestiegen, als in den meisten anderen Industrienationen: Allein in Westdeutschland wuchs der Anteil von 4,5 Prozent 1989 auf 9,8 Prozent 2001."[82] Demnach sind die fortschrittlichsten Länder Dänemark und Finnland, deren Kinderarmutsanteil bei unter drei Prozent liegt.[83]

---

[80]   FEUSTEL, ELKE (2007): *a.a.O.,* S.19
[81]   vgl. DEUTSCHES KINDERHILFSWERK [HRSG.] (2007): *Kinderreport Deutschland 2007: Daten, Fakten, Hintergründe.* Kopaed. München., S. 35 f.
[82]   Frankfurter Tafel [e.V.] (2008): *Thema: Armut.* http://www.frankfurter-tafel.de/armut.php [Datenabruf vom 16.11.2008, um 01:45 Uhr.]
[83]   vgl. DEUTSCHES KINDERHILFSWERK [HRSG.] (2007): *a.a.O.,* S.35 f.

2.2.2 Kinderarmutsstudien aus Deutschland – Ursachen – Erscheinungsformen – Gegenmaßnahmen

Obwohl die Lebensbedingungen für die meisten Kinder in Deutschland durchaus gut bis sehr gut sind, geraten immer mehr von ihnen in einen Teufelskreis der Armut. Das Problem liegt vor allem in der ungerechten Verteilung der Risikofaktoren von Armut. Da sich vor allem die Familienpolitik in Deutschland kaum weiterentwickelt, kann der Kreis nur schwer durchbrochen werden. „Umfang und Ausrichtung der sozialstaatlichen Sicherungssysteme haben einen großen Einfluss auf das Ausmaß der Kinderarmut."[84]

> Das sozialstaatliche Netz, dessen Aufgabe die Absicherung der elementaren Lebensrisiken ist, weist große Risse auf. Die bestehenden und zumindest über viele Jahrzehnte hinweg auch bewährten Sicherungssysteme geben keine Antwort auf die Lebenswirklichkeit einer wachsenden Zahl von Menschen. Sozialstaatsanspruch und soziale Realität klaffen immer weiter auseinander, insbesondere dann, wenn es sich um Familien mit Kindern oder um Alleinerziehende handelt.[85]

Dies hat negative Auswirkungen auf die Lebenssituation von Kindern und Jugendlichen. „Eine spezifische Verteilung des Verarmungsrisikos ist die Folge."[86]

Die Zukunft unserer Gesellschaft hängt von unseren Kindern ab. Indem wir uns für eine Chancengleichheit einsetzen und vor allem ihre Startchancen verbessern, helfen wir nicht nur ihnen, sondern auch uns selbst.

Familien und Kinder sind die Modernisierungsverlierer der Gesellschaft. Die Normalfamilie gibt es nicht mehr. Familienform, Haushaltsgröße, Geschwisteranzahl, Migrationshintergrund und Familiengröße sind entscheidende Faktoren. Hinzu kommen die jeweilige Erwerbssituation der Eltern, die Wohnsituation, die Schulbildung und die Freizeit- und Unterhaltungsangebote. Diese Faktoren beeinflussen die Gesundheit und das Wohlbefinden des Kindes. Schulangst oder Stress daheim können beispielsweise zu Schlaf- und/oder Konzentrationsschwierigkeiten führen.

Kinder leiden besonders unter Armut, unschuldigerweise und abhängig von ihren Eltern, die nicht in der Lage sind, sich um sie richtig zu kümmern, weil ihnen die

---

[84]   vgl. BUTTERWEGGE, CHRISTOPH [HRSG.] / L`HOEST, RAPHAEL (2000): *Kinderarmut in Deutschland: Ursachen, Erscheinungsformen und Gegenmaßnahmen*. Campus- Verlag. 2. durchges. Auflage. Frankfurt [u.a.]., S.15
[85]   vgl. BUTTERWEGGE, CHRISTOPH [HRSG.] / L`HOEST, RAPHAEL (2000): *a.a.O., S.*17
[86]   vgl. BUTTERWEGGE, CHRISTOPH [HRSG.] / L`HOEST, RAPHAEL (2000): *a.a.O., S.*17

eigenen Probleme zunehmend über den Kopf wachsen. Die Hilfe vom Staat ist oftmals nicht ausreichend.

> Den empirischen Befunden des Zweiten Armuts- und Reichtumsberichts der Bundesregierung zufolge stellen Minderjährige gegenwärtig immer noch die größte Gruppe unter den Leistungsempfängern der staatlichen Hilfe zur sozialen Grundsicherung. In der verbreiteten Auffassung gilt der Sozialhilfeleistungsbezug als ein gesichertes Indiz für Kinderarmut.[87]

Die negativen Folgen, unter denen viele Kinder und Jugendliche leiden müssen können nicht weiter toleriert werden. Der Mythos Armut oder gar Kinderarmut in Deutschland gibt es nicht, musste schon lange korrigiert werden. In Fachkreisen schon länger diskussionsbedürftig, gelangte das brisante Thema nun nach und nach auch an die Öffentlichkeit und ist aus den aktuellen Nachrichten nicht mehr wegzudenken. Es wurde vielmehr zu einer der „wichtigsten moralischen und sozialpolitischen Herausforderungen unserer Zeit und demokratischen Gesellschaft erhoben."[88]
Wie schnell man in eine Armutssituation geraten kann, zeigt sich immer wieder. Ursachen sind unter anderem die Trennung der Eltern, Arbeitslosigkeit, Überforderung durch Alleinerziehung, fehlende Kinderbetreuung, unzureichende Lastenausgleiche, die vor allem Großfamilien das Leben schwer machen oder aber ein Zuwanderungshintergrund. Das was Kinder benötigen, wie Nahrungsmittel, Kleidung, Schulmaterialien, Freizeitgeld, Hortgebühren, Nachhilfe- oder Musikunterricht oder Mitgliedsgebühren für Vereine, ist von vielen Erziehungsberechtigten kaum aufbringbar. Es gibt aber nicht nur die materielle Armut, sondern auch Bildungsbenachteiligung, geistige und kulturelle Armut, soziale Armut, fehlende Werte, seelische und moralische Armut, Vernachlässigung und Gewalt, falsche Versorgung und ausländerspezifische Benachteiligung. In Deutschland spricht man allerdings nur von einer „relativen"[89] Armut, genaue Zahlen lassen sich nicht bestimmen, da man sich nur am Durchschnittseinkommen orientieren kann.
Laut einer Studie der AWO (Arbeiter Wohlfahrt Bundesband e.V.) gibt es bei armen Kindern häufiger verfrühte oder verspätete Einschulungen und mit Dauer der Armut steigt ebenfalls das Risiko des Sitzenbleibens. Nur gut acht Prozent der nicht armen Kinder wiederholten in der Grundschule mindestens einmal die Klasse, aber knapp

---

[87]   FEUSTEL, ELKE (2007): ``Neue Kinderarmut`` in Deutschland: Ursachen, Folgen, Lösungsansätze. Forschungsinstitut für Philosophie. Hannover., S.4

[88]   FEUSTEL, ELKE (2007): a.a.O., S.6

[89]   vgl. FEUSTEL, ELKE (2007): a.a.O., S.20

30 Prozent der armen Kinder. Diejenigen, die bereits im Kitaalter Sprach- oder Arbeitsauffälligkeiten zeigten, gehörten weitaus häufiger zur Gruppe der Klassenwiederholer.[90] Vor allem aber die wirtschaftliche Lage der Eltern spielt hier eine Rolle. Gemessen an den Bildungsabschlüssen der Mütter, weisen die Mütter armer Kinder einen erheblich schlechteren Bildungshintergrund auf. Auch die Durchschnittsnoten armer Kinder sind wesentlich schlechter als die der nicht armen Kinder. Arme Kinder besuchen zwar häufiger die Hausaufgabenbetreuung, erhalten aber weniger Nachhilfe- oder schulischen Förderunterricht. Die größte Gruppe der Kinder mit Armutserfahrung erreicht am Ende der schulischen Ausbildung maximal den Realschulabschluss.[91] Die Armut scheint sich zu vererben, damit aber gerade die Kinder aus sozialschwachen Familien eine Chance bekommen, muss vor allem die Schule nicht nur Vermittlungsinstanz der formalen Bildung sein, sondern auch soziale Kompetenzen vermitteln, Erfahrungsfelder für soziale Integration und ein positives Lernklima bieten. Das Armutsrisiko ist bei Personen mit Migrationshintergrund auf etwa ein Viertel gestiegen. Zuwanderer aus der Türkei oder dem ehemaligen Jugoslawien sind am stärksten und längsten von Armut betroffen.[92] Was sich aber gezeigt hat ist, dass Menschen mit Migrationshintergrund, aber gleichzeitigen Kontakt zu Einheimischen, deutlich weniger unter Armut leiden. Kinder müssen vor allem früher gefördert werden. Hierzu zählen Bildungs- und Sprachförderung, Gesundheit (Bewegung und Vorsorge), Stressbewältigung, ein Alltagsrhythmus mit Ruhe- und Aktivitätsphasen, Lernzyklen, Vorschulen und die Entwicklung von Verständnis und Sensibilität für die eigene und die Lebenslage von anderen Kindern.[93] Weiterhin muss für ein positives Familienklima gesorgt werden. Keine Überschuldung der Eltern, keine beengten Wohnverhältnisse, keine regelmäßigen Streitigkeiten, dafür aber regelmäßige gemeinsame Unternehmungen, eine hohe Berufsorientierung der Mutter, die Pflege von privaten Kontakten und Netzwerken und eine gleichberechtigte, partnerschaftliche Zukunftsorientierung.[94]

Eine materielle Unterversorgung zieht viele Nachteile mit sich. Ist es am Anfang vielleicht nur der Verzicht auf ein eigenes Kinderzimmer, weniger Spielzeug und

---

[90]   vgl. DEUTSCHES KINDERHILFSWERK [HRSG.] (2007): *Kinderreport Deutschland 2007: Daten, Fakten, Hintergründe.* Kopaed. München., S. 77

[91]   vgl. DEUTSCHES KINDERHILFSWERK [HRSG.] (2007): a.a.O., S.77

[92]   vgl. DEUTSCHES KINDERHILFSWERK [HRSG.] (2007): a.a.O., S.150

[93]   vgl. DEUTSCHES KINDERHILFSWERK [HRSG.] (2007): a.a.O., S.198

[94]   vgl. DEUTSCHES KINDERHILFSWERK [HRSG.] (2007): *Kinderreport Deutschland 2007: Daten, Fakten, Hintergründe.* Kopaed. München., S.73- 198

Kleidung, können dem Kind schon bald auch das Frühstück und warme, gesunde Mahlzeiten fehlen.

> Je länger die familiäre Armutssituation andauert, desto weniger kann der alte Lebensstandard aufrecht erhalten werden, umso höher ist folglich auch die psychische Belastung der Eltern – bis hin zur faktischen psychischen Überforderung. Es entwickeln sich Belastungsfaktoren, die sich wiederum negativ auf die Erziehung auswirken.[95]

Auch soziale Kontakte brechen vielfach ab, die Kinder werden somit aus ihrem vertrauten sozialen Umfeld gerissen. Die soziale Ausgrenzung führt irgendwann soweit, dass selbst kostenlose Angebote nicht mehr wahrgenommen werden oder aber das Kind bei kostenpflichtigen Schulveranstaltungen plötzlich krank wird. Viele Kinder wachsen somit ohne jede reelle Chance auf Besserung auf.

Hinsichtlich der sozialen Rechte finden sich im Grundgesetz der Bundesrepublik Deutschland nur relativ wenige präzise Formulierungen. Ziel ist es ein menschenwürdiges Dasein zu sichern, gleiche Vorraussetzungen für die freie Entfaltung der Persönlichkeit zu schaffen, die Familie zu schützen und vor allem zu fördern und den Erwerb des Lebensunterhalts durch eine frei gewählte Tätigkeit zu ermöglichen, sowie Belastungen welcher Art auch immer abzuwenden oder auszugleichen.[96]

> Kinder und Jugendliche in Deutschland sind angesichts der derzeitigen sozialen Realität nicht, wie vom Grundgesetz gefordert, *gleichgestellt*. Sie wachsen vielmehr bereits von Geburt an in Abhängigkeit von der familiären Vermögens- und Einkommenssituation mit äußerst unterschiedlichen sozialen und ökonomischen Start-, Teilhabe- und Verwirklichungschancen auf.[97]

Kinder sind dieser Wirklichkeit wehrlos ausgeliefert, sie werden quasi in ihre Situation hineingeboren und ihre Eltern schaffen es ebenfalls nicht, den schlechten Ausgangsbedingungen entgegenzuwirken. Oberstes Ziel muss daher sein, die Massenarbeitslosigkeit vieler Eltern, oder die die es werden wollen zu bekämpfen. Armut kann jeden treffen, für viele ist es nur eine vorrübergehende Phase, aber alle wissen wie schnell sie zu einem festen Zustand im Leben werden kann. Der Staat muss dafür sorgen, dass aus Kurzzeitarmut keine längere Armut wird. Denn steigt die Gruppe der Langzeitarbeitslosen weiter an, kann es zu Ghettobildungen kommen und die Kluft zwischen Arm und Reich weiter einreißen. Hinzu kommt, dass auch viele Erwerbstätige kaum von ihrem Lohn leben können. Die Existenz von Armut gilt heute

---

95   FEUSTEL, ELKE (2007): *a.a.O.*, S.25
96   FEUSTEL, ELKE (2007): *a.a.O.*, S.57
97   FEUSTEL, ELKE (2007): *a.a.O.*, S.57

schon fast als normal, Kinderarmut dagegen ist immer noch ein Skandalthema. „Noch".

Wer weniger als 50 Prozent des gesellschaftlichen Durchschnittseinkommens zur Verfügung hat, gilt als relativ einkommensarm.[98] Bleiben nun immer mehr Familien kinderlos, wächst die Benachteiligung der anderen. Dies gilt auch für nicht geleistete Unterhaltszahlungen. „Kinder werden damit zu einem *öffentlichen* – d.h. kostenlosen – Gut, ihren Nutzen nimmt die Allgemeinheit gerne in Anspruch, die Lasten aber müssen von den Eltern weitgehend privat getragen werden [...]."[99] Eine Folge ist die Aufspaltung in Familien und Nicht- Familien, wobei letztere sozial besser gestellt sind. Der Familienlastenausgleich vom Staat, durch Kindergeld und steuerliche Kinderfreibeträge stellen noch lange kein armutsabweisendes Netz her.

> Die menschenwürdige Sicherung der Teilhabe und Integration der Kinder und Jugendlichen als den Zukunftsträgern unseres Landes liegt im gemeinsamen Interesse von uns allen – sie sollte daher zum Grundprinzip der Gestaltung des gesellschaftlichen Zusammenlebens erhoben werden, unsere Handlungsnormen bestimmen und ein unverrückbares Fundament des Sozialstaats bilden.[100]

Staatliche Hilfe und gesellschaftliche Anteilnahme sind also unerlässlich, da Kinderarmut nicht nur ein politisches Problem bleiben darf. Es werden vermehrt Forderungen laut, die sowohl den Ausbau der Kinderbetreuung, Elterngeld, soziale Transferleistungen, Reformen im Bildungsbereich, als auch eine vermehrte Verteilung der Gelder aus Stiftungszwecken an soziale Zwecke, Stärkung des allgemeinen bürgerlichen Engagements und eine intensivere Kirchenarbeit umfassen.[101]

---

[98] vgl. BUTTERWEGGE, CHRISTOPH [HRSG.] / L`HOEST, RAPHAEL (2000): *a.a.O.,* S.106
[99] BUTTERWEGGE, CHRISTOPH [HRSG.] / L`HOEST, RAPHAEL (2000): *a.a.O.,* S.245
[100] FEUSTEL, ELKE (2007): *a.a.O.,* S.89
[101] vgl. FEUSTEL, ELKE (2007): ``*Neue Kinderarmut*`` *in Deutschland: Ursachen, Folgen, Lösungsansätze. Forschungsinstitut für Philosophie.* Hannover., S.89

3 Vorstellung der Analysepunkte

3.1 Die Analyse dokumentarischer Fernsehbeiträge

Um meine ausgewählten Reportagen beurteilen zu können, habe ich mich an Analysen aus dem Reality- TV- und Dokumentarfilmbereich orientiert. Viele Analysepunkte lassen sich leicht auf Reportagen mit sozialdokumentarischem Hintergrund anwenden. Für meine ersten Überlegungen habe ich die Ausarbeitungen von Benedikt Berg-Walz zum Thema „Die Rezeption dokumentarischer Fernsehbeiträge"[102] genutzt. Ergänzt werden seine Analysepunkte durch die Vorgehensweise von Eva Dreckmeier, in ihrem Buch „Aspekte der Fernsehberichterstattung"[103]. Hierin analysiert sie u.a. die Sendereihe „Die Reportage" des ZDF. In einigen Punkten ähneln sich ihre Ausführungen. Sie recherchieren beide wichtige Grunddaten der Reportage, wie Titel, Quote, Autor und stellen eine kurze Information über die Geschichte des jeweiligen Sendeformats voran. Hinzu kommen Fragen nach den Thesen, die der Film aufstellt, zur Entstehungsgeschichte, zur Vorgehensweise der Autoren und zur filmischen Umsetzung des Sachverhalts. Sie beschäftigen sich ebenfalls mit dem Einsatz von visuellen und auditiven Gestaltungsmitteln. Hierzu zählen beispielsweise Interviews, Fotos, Archiv- Material, Off- Kommentare, Schnitte, Rückblenden, Hintergrundmusik oder Kameraführung. Des Weiteren analysieren sie die unterschiedlichen filmischen Einstellungen, unterscheiden zwischen O-Tönen und Film- Musik und werfen einen Blick auf die dramaturgische Gesamteinheit des Films. Am Ende wird die Qualität der Reportage bewertet und dabei Zuschauerkommentare mit einbezogen.

Durch meine vorrangegangene Recherche zur Reportage, bin ich in vielen Büchern auf die Begriffe Authentizität, Inszenierung, Emotionalisierung, Personalisierung und Stereotypisierung gestoßen. Dies gab mir den Anlass mich in meiner Analyse damit genauer auseinander zusetzen und zu versuchen aufzuzeigen, wie mit ihnen in den von mir vorgestellten Reportagen umgegangen wird.

---

[102]   BERG- WALZ, BENEDIKT (1995): *Vom Dokumentarfilm zur Fernsehreportage.* Verlag für Wissenschaft und Forschung. 1. Auflage. Berlin.
[103]   DRECKMEIER, EVA / HOEFER, GEORG (1994): *Aspekte der Fernsehberichterstattung: zu den Sendereihen ``Die Reportage``, ``Markt im Dritten``, ``Plusminus``, ``WISO``.* Coppi- Verlag. Coppengrave.

Zum Schluss möchte ich dann auch noch einmal genauer auf die Rolle der Rezipienten und des Reporters eingehen.

3.1.1 Inszenieren von „Wirklichkeit" - Die Problematik der Authentizität

Wie wirklich ist die Reportage? Schon zum Dokumentarfilm stellte sich diese durchaus wichtige Frage, denn die sogenannte Objektivität gibt es nicht.

> Weit stärker als andere Genres lebt der dokumentarische Film von der Vorstellung, er könne mit Hilfe der Kamera die Welt so zeigen, wie sie wirklich ist. […] Glaubwürdigkeit und Legitimation dokumentarischer Präsentationsformen wie Nachrichten, Magazin, Reportage, Feature und Dokumentarfilm verdanken sich nicht zuletzt solchen visuellen Wahrnehmungskonventionen.

Was dem Zuschauer am Ende auf dem Bildschirm gegenübersteht, ist im Grunde ein fertiges Produkt, vielleicht gerade noch ein Abbild der Wirklichkeit, aber mit Sicherheit nicht die Realität. Das liegt daran, dass schon vorher genau überlegt wird, was genau gedreht werden soll. Jeden Tag finden wir im Fernsehen oder den anderen Medien, völlig unterschiedliche Sichtweisen auf ein und dasselbe Thema. Entscheidend dabei ist immer, ob die Aussage wahr ist.

> Wir gestalten unseren Film, was in gewisser Weise auch bedeutet, dass wir die Wirklichkeit gestalten. Dies beginnt mit der einfachen Bitte: ``Können Sie bitte mal durch die Tür kommen und sich an den Schreibtisch setzen und arbeiten``. Man braucht Bilder, um den Interviewpartner im Kommentar vorzustellen, weil man auch etwas vom Umfeld dieses Menschen zeigen will. Und selbstverständlich überlegen wir vor einem Interview, wie und wo der Interviewpartner sitzen oder was er machen soll. […] Aber wo endet das? Was ist Wirklichkeit? Wie ist es, wenn ich für den Film zwei Personen zusammenbringe, die sich unter diesen Umständen so nicht getroffen hätten, sich nicht kannten und nur durch den Film zusammentreffen?[104]

Als Verbraucher können wir uns nur darauf verlassen, dass sich die abgebildete Realität und die wirkliche Realität ähneln. Denn ein Vergleich der medialen Darstellung mit der vormedialen ist für den Mediennutzer in der Regel unmöglich.

„Immer noch gilt es [das Fernsehen; Anm. d. Verf.] als das glaubwürdigste Informationsmedium, vor allem wohl dank der Bilder, denn sie vermitteln Authentizität (täuschen sie freilich manchmal auch nur vor)."[105] Hierzu gehört es ebenfalls die unerfreulichen Seiten einer Wirklichkeit abzubilden. Eine Verzerrung findet dabei immer

---

[104]   SCHOMERS, MICHAEL (2001): *Die Fernsehreportage: von der Idee zur Ausstrahlung; Reportage, Dokumentation, Feature; ein Buch für Einsteiger im Film- und TV- Business.* FAZ- Inst. Für Management-, Markt- und Medieninformation. Frankfurt am Main., S.117

[105]   BERG- WALZ, BENEDIKT (1995): *Vom Dokumentarfilm zur Fernsehreportage.* Verlag für Wissenschaft und Forschung. 1. Auflage. Berlin., S.30

statt, denn Wirklichkeit kann nicht repräsentativ abgebildet werden, sie kann nur in mediale Wirklichkeiten übersetzt werden.[106]

Warum aber ist ein regelrechter Streit darum entbrannt, was genau die Zuschauer zu sehen bekommen und welche Anforderungen werden an den Dokumentarfilmer und somit auch an den Journalisten, der für eine Fernsehreportage verantwortlich ist, gestellt? Wie kann er seine Dokumentation möglichst authentisch wirken lassen?

In dem er scheinbar verzichtet in die Wirklichkeit eingreifen zu wollen. Er sich also nicht ins Geschehen, das sich gerade vor seiner Kamera abspielt, einmischt, um die Realität nicht zu verfälschen. Wenn er nun eine Situation verpasst hat, die er gerne aufgenommen hätte, darf er diese unter keinen Umständen versuchen nachzustellen. Seine einzige Aufgabe ist die eines teilnehmenden Beobachters, ob er dies nun verdeckt oder offen tut, bleibt ihm überlassen, aber er darf auf keinen Fall selbst Änderungen treffen, weil dann die Authentizität zerstört wird. Allerdings werden Auswahl, Perspektiven, Schnitt und dergleichen immer eine bestimmte Sicht der Dinge beeinflussen, „wobei die Wahl der Perspektive nicht subjektiver Willkür gehorcht, sondern den kulturellen Bedingtheiten, den institutionellen Zwängen der Auftraggeber und der Realisierenden und den konkreten Produktionssituationen."[107] Außerdem muss der Dokumentarist das Material organisieren und zum Sprechen bringen. Ein fotografisches Abbild zeigt nicht die Wirklichkeit und bloß beobachtende Dokumentationen verfehlen es, die Wirklichkeit darzustellen.[108] Der Künstler Harun Farocki sagte in einem Text zu seinem Film: *Etwas wird sichtbar*, dass ein Bild nie die Wirklichkeit sein kann, es gibt nicht das wirkliche Bild. Es gibt nur Bilder von der Wirklichkeit. Sich ein Bild machen heißt, seine Bilder von der Wirklichkeit an der Wirklichkeit erproben. Ein Prozess der Annäherung und Entfernung, bei dem etwas erscheint, sichtbar wird. Ein Bild kann nicht richtig oder falsch sein. Mit ihm lässt sich für die verschiedensten Dinge werben. Aber viele Bilder ergeben einen Text, aus dem sich ein Bild nicht mehr herauslösen lässt.[109] Wird also fortlaufend ein Bild ans nächste gereiht, ohne zu beachten, ob sich das Aufgenommene wirklich in der Reihenfolge abgespielt hat, dann wird die Realität verfälscht und eine neue geschaffen.

---

[106]   vgl. BERG- WALZ, BENEDIKT (1995): *Vom Dokumentarfilm zur Fernsehreportage.* Verlag für Wissenschaft und Forschung. 1. Auflage. Berlin., S.265

[107]   HICKETHIER, KNUT (2007): *Film- und Fernsehanalyse.* Metzler. 4., aktualisierte und erw. Auflage. Stuttgart [u.a.]., S.183

[108]   HICKETHIER, KNUT (2007): *a.a.O.,* S.183

[109]   vgl. HATTENDORF, MANFRED (1994): *Dokumentarfilm und Authentizität: Ästhetik und Pragmatik einer Gattung.* UVK- Medien Ölschläger. 1. Auflage. Konstanz., S.86

Der Filmemacher Manfred Hattendorf zählt zwei Möglichkeiten auf, wie sich der Begriff des Authentischen in Hinblick auf den Film einführen lässt: erstens

> *authentisch* bezeichnet die objektive *Echtheit* eines der filmischen Abbildung zugrundeliegenden Ereignisses. Mit dem Verbürgen eines Vorfalls als authentisch wird impliziert, dass eine Sache sich so ereignet hat, ohne dass die filmische Aufnahme den Prozess beeinflusst hätte. Die Authentizität liegt in der Quelle begründet.

und zweitens

> Authentizität ist ein Ergebnis der filmischen Bearbeitung. Die *Glaubwürdigkeit* eines dargestellten Ereignisses ist damit abhängig von der Wirkung filmischer Strategien im Augenblick der Rezeption. Die Authentizität liegt gleichermaßen in der formalen Gestaltung wie der Rezeption begründet.[110]

Die Sprache ist beispielsweise ein zentrales Gestaltungsmittel des Films, durch die der Eindruck des Authentischen nachdrücklich behauptet wird. Dies kann durch Interviews oder Off- Kommentare geschehen. Außerdem codiert die Kamera fotografische Zeichen von Wirklichkeit filmisch, in dem sie die gefilmten Motive auswählt und sie miteinander kombiniert.

So greift der Filmende letztendlich doch in die filmische Realität ein, um „das zu Zeigende durch Montage [hervorzuheben und] das im fotografischen Bild nicht Sichtbare durch ästhetische Strategien sichtbar [zu machen].[111] So wird der Dokumentarist zum Erzähler und die Authentizität präsentiert sich nun als „ein Konstrukt der Form, in der sich das Dokumentierte präsentiert."[112] Die ästhetische Organisation des Materials wird durch Inszenierung erreicht. Das zu Zeigende wird für die Aufnahme arrangiert, auf die Kamera ausgerichtet, also in Szene gesetzt. „[…] etwas in der Realität als wesentlich Erkanntes [wird] *durch ästhetische Konstruktionsprinzipien wieder sinnlich erfahrbar* gemacht."[113]

Während man beim fiktionalem Erzählen den Vorteil hat, das die Kamera weiß was kommt und den handelnden Figuren vorauseilen und dort auf sie warten kann, um sie ins richtige Licht zu rücken, muss die dokumentarische Kamera auf unerwartete Momente gefasst sein. Denn sie kann zwar auch um die Handlungen wissen, die sie aufzunehmen hat, aber „das Arrangement und die Inszenierung können immer wie-

---

[110] HATTENDORF, MANFRED (1994): *a.a.O.*, S.67
[111] HICKETHIER, KNUT (2007): *Film- und Fernsehanalyse.* Metzler. 4., aktualisierte und erw. Auflage. Stuttgart [u.a.]., S.183
[112] HICKETHIER, KNUT (2007): *Film- und Fernsehanalyse.* Metzler. 4., aktualisierte und erw. Auflage. Stuttgart [u.a.]., S.183
[113] HICKETHIER, KNUT (2007): *a.a.O.*, S.184

der durchbrochen und irritiert werden. Sie verfügt nicht in dem Maße wie die fiktionale Kamera über das Geschehen, sondern dieses bleibt dem Film gegenüber autonom."[114]

Der Dokumentarfilm kann sich aber auch um fiktionale Erzählmuster bemühen, so wie ein Fiktionsfilm einen dokumentarischen Gestus geben kann.

> Im Fernsehen wird auch in den sogenannten nicht-fiktionalen Programmformen keine Realität abgebildet, sondern lediglich eine mögliche Realität erzählend inszeniert und konstruiert, die erst durch die kognitiven und emotionalen Aktivitäten der Zuschauer in der Rezeption und in der Aneignung im Rahmen der Lebenswelt und der sozialen Praxis Sinn macht. Erst durch die Zuschauer wird der Fernsehtext zur sozialen Realität.[115]

Das Fernsehprogramm selbst ist bloß eine Inszenierung des Mediums und auf die Zuschauer hin organisiert. Das Fernsehen wird somit zu einer Institution des Geschichtenerzählens.

> Der Einsatz pseudodokumentarischer Bilder ist gebräuchlich und bei den Machern offenbar weitgehend problemlos akzeptiert. Sie dienen in der Regel der Dramaturgie und machen eine Geschichte geschmeidig. Oft müssen sie auch als Ersatz für nicht- existierende dokumentarische Bilder herhalten.[116]

Dokumentationen werden immer subjektiv bleiben, auch wenn sie Objektivität ausstrahlen. „The task of the documentarist is not only to record reality but also to give the recorded material a form that allows the resultant film or programme to speak to its audience in a language that can be readily understood."[117] Die Bilder müssen gesammelt und fürs Publikum aufbereitet werden. Dies gilt als ein Akt der Transformation. „Documentary realism"[118], nennt man die stille Vereinbarung zwischen Publikum und Filmemacher. Sie verleiht dem Dokumentarfilm eine andere Art von "Echtheit" als z.B. Spielfilmen. Eine Glaubwürdigkeitsminderung liegt aber immer vor, wenn Realität und Fiktion sich vermischen.

Manfred Hattendorf nennt in seinem Buch *Dokumentarfilm und Authentizität* fünf Bedingungen der Glaubwürdigkeit. Hierzu gehören die Echtheit des Ereignisses oder

[114]   HICKETHIER, KNUT (2007): *a.a.O.*, S.184

[115]   MIKOS, LOTHAR (1994): *Fernsehen im Erleben der Zuschauer: vom lustvollen Umgang mit einem populären Medium.* Quintessenz. Berlin [u.a.]., S.129

[116]   ZIMMERMANN, PETER [HRSG.] (2006): *Dokumentarfilm im Umbruch: Kino, Fernsehen, neue Medien.* UVK. Konstanz., S.128

[117]   KILBORN, RICHARD / IZOD, JOHN (1997): *An introduction to television documentary: confronting reality.* Manchester Univ. Press. Manchester [u.a.]., S.4

[118]   KILBORN, RICHARD / IZOD, JOHN (1997): *a.a.O.*, S.5

der Sache, auf die sich die Kommunikation bezieht, die Glaubwürdigkeit des Autors und der Vermittlung, sowie die Akzeptanz beim Rezipienten und die Rezeptionsbedingungen.[119] Eine Authentisierung kann auch über Ton und Musik erfolgen. Töne sind authentisch wenn zum Beispiel in einem Film über Fernfahrer nur Musik zu hören ist, die während der Fahrt im Radio gespielt wurde. Daraufhin stellt sich dann aber wieder die Frage, ob diese Musik nur authentisch ist, wenn sie im Originalton eingespielt wird oder aber auch in einer bearbeiteten Version. Wie steht es um Voice- Over (Off)- Kommentaren und Archivtönen? Kann nachträglich komponierte Musik authentisch sein oder muss der Zusammenhang von synchron aufgenommenen Tönen und Bildern gewahrt werden? Der Originalton unterliegt in der Tonmontage einem erheblichen Bearbeitungsprozess und die eigentliche Authentizität, die unverwechselbare Glaubwürdigkeit findet man immer nur in der Synchronität zwischen Bild und Ton. Wobei der völlig unbehandelte Film die größte Authentizität aufweist.

> Eine lange, ungeschnittene Einstellung kann einen hohen Grad an Authentizität ausstrahlen, da der Zuschauer innerhalb der Einstellungsgrenzen – so er sie wahrnimmt oder durch den filmischen Diskurs für sie sensibilisiert wird – die Einheit von dargestellter Zeit und Raum direkt mitverfolgen, sozusagen überprüfen kann. Lange Einstellungen erhöhen das Wahrnehmungsvermögen des Publikums, welches bei hoher Schnittfrequenz für die schnelle Verarbeitung semiotischer Informationen vieler aufeinanderfolgender Einstellungen benötigt würde [Videoclips; Anm. d. Verf.].[120]

Das typisch televisuelle Authentizitätsversprechen der direkten Augenzeugenschaft gipfelt in der Live-Übertragung. Aber stellen darf man keine Szene, wiederholen ebenso nicht. „Dann fühlen sich die Beteiligten wieder unter Aufsicht, als Objekt, und keine Bewegung stimmt mehr. Ja, es zerstört sogar das Vertrauensverhältnis, das sich langsam entwickelt hat. Plötzlich wird die Kamera eine Autorität, die diktiert, was getan werden soll – und sogar wie. Deshalb lasse ich nie eine Szene stellen. Sie kann die Realität nicht wiedergeben, sie wird zum Theater (…).“[121] Das ist das Problem der Inszenierung, das Hattendorf in seinem Buch anspricht. Immer wieder wird im Dokumentarfilm inszeniert, sei es durch Selektion in der Pre- Production, indem

---

[119]   vgl. HATTENDORF, MANFRED (1994): *Dokumentarfilm und Authentizität: Ästhetik und Pragmatik einer Gattung.* UVK- Medien Ölschläger. 1. Auflage. Konstanz., S.19

[120]   HATTENDORF, MANFRED (1994): *Dokumentarfilm und Authentizität: Ästhetik und Pragmatik einer Gattung.* UVK- Medien Ölschläger. 1. Auflage. Konstanz., S.170

[121]   HATTENDORF, MANFRED (1994): *a.a.O.,* S.215

man nur bestimmte Personen filmt, an ausgewählten Drehorten zu bestimmten Zeiten, oder in der Mise- en- scene durch künstliches Licht oder Tonaufnahmen. Auch durch Szenenanweisungen, Wiederholungen, Arrangieren und Interviews wird der Dokumentarfilm inszeniert. In der Post- Production folgen dann noch einmal Selektion und Interpretation durch Bild- und Tonmontagen, Musik, sprachliche Gestaltung und Endabmischungen.

> Der Einfluss, den das Filmteam auf das gefilmte Geschehen im Augenblick der Drehaufnahmen ausübt, entzieht sich jeder exakten Bestimmung. [...] Wie hoch das Maß an Beeinflussung durch die Anwesenheit der Kamera auf das abgebildete Ereignis [...] ist, weiß weder er [der Filmemacher] noch das Filmpublikum genau. Der Zuschauer ist sich jedoch intuitiv dessen bewusst, dass ``people tend to be more cautious and reflective when a record is being made``. Davon, wie stark das Publikum die Abweichungen des gefilmten Verhaltens von dem durch Annahme erschlossenen imaginären unbeobachteten Verhalten [...] einschätzt, hängt die Bewertung des filmischen Diskurses [...] als ``inszeniert`` oder ``ungestellt`` ab.[122]

Zwei Motoren treiben unsere Wahrnehmung, wie schon Peter Zimmermann, wissenschaftlicher Leiter des Hauses des Dokumentarfilms herausfand, in Richtung Fiktion: die Strategie der Sender, alle Stoffe zu emotionalisieren und die Methode, sie auf eine genau berechnete Wirkung hin zu formatieren.[123] Dieses Dramatisieren der Realität möchte ich im folgenden Punkt näher untersuchen, um herauszufinden welche Vor- und Nachteile sich dafür für eine Sendung ergeben.

[122]   HATTENDORF, MANFRED (1994): *a.a.O.,* S.219

[123]   vgl. ZIMMERMANN, PETER [HRSG.] (2006): *Dokumentarfilm im Umbruch: Kino, Fernsehen, neue Medien.* UVK. Konstanz., S.128

3.1.2 Die Emotionalisierung oder „Dramatizing the real"

„Ich will neue Geschichten. Wir brauchen mehr Emotionen und Action. Das wollen die Leute haben."[124] Der Chefredakteur im Buch Fernsehland glaubte erkannt zu haben, was die Menschen vorm Bildschirm wirklich sehen wollen. Ohne Rücksicht auf Verluste wurde nach der bestmöglichsten Geschichte im Land gesucht, um diese gewinnbringend zu vermarkten. „Der Sender ist heiß auf solche Schicksale. […] – Der Typ liegt doch noch auf der Intensivstation. Es ist nicht mal sicher, ob er überleben wird! – Der muss nur so lange leben, bis der Beitrag versendet ist."[125] Muss man als Reporter soweit gehen und sein Gewissen abschalten, um die Zuschauer zu befriedigen und dem Sender einen Beitrag zu liefern, der seine Einschaltquoten in die Höhe treibt?

Seit das Fernsehen die „Realität" für sich entdeckte, die Geschichten über die Menschen mitten unter uns, werden die Emotionen des Einzelnen immer mehr eine Angelegenheit der Öffentlichkeit. „Schmerz- und Tränenjournalismus"[126] ist der prägende Begriff dieser Entwicklung. Gleiches gilt aber nicht nur für bestimmte TV- Sendungen, sondern auch für Magazine und Zeitschriften in den Printmedien. Mit der vermehrten Konzentration auf die „wahre Geschichte" im Programm, bemerkte man, dass mit Reality- TV besonders viel möglich war, was die Grenzen dessen, was man Zeigen kann anging. „Schmerzverzerrte Gesichter in Nah- Aufnahme, live- Mitschnitte von Katastrophen und Unfällen bringen die Frage nach den Grenzen des Darstellbaren mit sich." Eine der ersten Sendungen dieser Art, die damals noch harmlos anmutete, war *Aktenzeichen XY ... ungelöst*. Doch nach und nach tauchen immer mehr Sendungen dieser Machart auf den Bildschirmen auf, „neu ist die Fülle, in der diese Sendungen auf dem Bildschirm erscheinen, neu ist das enorme Interesse an der Darstellung authentischer menschlicher Emotionen, neu ist die Auflösung der Grenzen zwischen Wirklichkeit und Fiktion, zwischen Spielfilm und Dokumentation." Tatsächliche Ereignisse aber werden viel mehr nachgestellt oder durch subjektive Videoaufnahmen von sogenannten Augenzeugen dokumentiert. Dargeboten werden Grenzsituationen, Unfälle, Katastrophen, Verbrechen oder aber auch Men-

---

[124] SCHILLER, FRANCIS (1999): *Fernsehland: eine fast wahre Geschichte.* Rogner & Bernhard bei Zweitausendeins. 1. Auflage. Frankfurt am Main., S.69
[125] SCHILLER, FRANCIS (1999): *a.a.O.,* S.31
[126] WEGENER, CLAUDIA (1994): *Reality- TV: Fernsehen zwischen Emotion und Information?.* Leske und Budrich. Opladen., S.10

schen in außergewöhnlichen oder prekären Lebenslagen. Merkmale wie diese, finden sich auch in Nachrichten, Informationssendungen, Rechtsserien und Magazinsendungen wieder. Spannende Geschichten aus dem Leben verkaufen sich immer gut. „Ich finde, […] wir müssen spannendere Geschichten finden, so etwas wie deinen brennenden Mann. Leider gibt es kaum noch richtige Unfälle, bei all den Airbags, Rauchmeldern und Fahrradhelmen. Da müssen wir andere Kanäle anzapfen.“[127] Reality- TV scheint keine Geschmacksgrenzen zu kennen.

> [There are] fears that in their desire to create maximum dramatic effect, producers will begin to distort the very reality they claim to be representing. In particular they will blend fact and fiction in such a way that makes it impossible for the viewer to decide how much is based on factual evidence and how much is … imaginative fabrication.[128]

Es wird somit immer schwieriger für den Rezipienten, zu unterscheiden, ob das was er da gerade sieht wirklich echt ist oder extra für ihn inszeniert wurde. Die Trennlinie zwischen wirklichen Fakten und gewollter Emotionalisierung vermischt sich und im Kampf zwischen journalistischer Wahrheit und dramatischer Aufgeregtheit, scheint das Drama zu gewinnen. Die Realität wird immer mehr verfälscht.

Aber ein Realityformat ohne echte Gefühle, oder die die wir dafür halten, kann nicht existieren. Dabei ist Emotion nicht nur die einfache Erscheinung von Ärger, Freude, Angst und Trauer, sondern bezieht auch die vielen unterschiedlichen Gefühlsregungen mit ein, die dazwischen liegen. Diese sind meist nur von kurzer Dauer und werden durch ein bestimmtes Ereignis ausgelöst, haben dann ihren Einsatz und klingen wieder ab. Des Weiteren gibt es Stimmungen wie Niedergeschlagenheit und Heiterkeit, die längerfristig erhalten bleiben und oft den „diffusen, wenig gegliederten atmosphärischen Hintergrund des Erlebens“[129] bilden. Emotionen werden auch im Alltag nie isoliert, sie begegnen uns immer im Zusammenhang mit Geschichten, die wir erlebt oder beobachtet haben. Reality- TV muss ein bestimmtes Maß an Emotionen bieten, die „Gefahr besteht in der Bildung stereotyper Gefühlsmuster, die dem Rezipienten kontextlos dargeboten werden und ihn von einem emotionalen Höhepunkt zum nächsten […] jagen.“[130] Emotion wird zum medialen Gestaltungsmittel, denn

---

[127] SCHILLER, FRANCIS (1999): *Fernsehland: eine fast wahre Geschichte.* Rogner & Bernhard bei Zweitausendeins. 1. Auflage. Frankfurt am Main., S.68
[128] KILBORN, RICHARD (2003): *Staging the real: factual TV programming in the age of Big Brother.* Manchester Univ. Press. Manchester [u.a.]., S.71
[129] WEGENER, CLAUDIA (1994): *Reality- TV: Fernsehen zwischen Emotion und Information?.* Leske und Budrich. Opladen., S.44
[130] WEGENER, CLAUDIA (1994): *a.a.O.,* S.45

der emotionale Gehalt von Medienbotschaften bleibt beim Empfänger am längsten hängen. Hierbei sind bestimmte Einflussgrößen mitentscheidend wie Alter, Geschlecht, Status, Bildung und Motivation des Rezipienten. Wichtig sind auch der Anspruch und das Selbstverständnis der Journalisten und Redakteure, die Rolle der Moderatoren, sowie der Einsatz formaler Gestaltungsmittel wie Schnitte, Kameraperspektiven, Inserts oder Einblendungen. Der Reiz der Darstellung von Emotionen auf den Rezipienten liegt nach Zillmann daran, dass Zuschauer vor allem von emotional bewegenden Fernsehdramen angezogen werden, die auf affektivem Niveau Genuss oder Vergnügen schaffen.[131] Die Erleichterung beim Zuschauer ist demnach umso größer, je intensiver die zuvor erlebte Reaktion ist.

> Fernsehdramen, die Zuschauer emotional bewegen und ihnen affektiven Genuß verschaffen, profitieren von der Verwendung von Stimuli, die starke Erregung produzieren, auch wenn diese stark negativ besetzt sind. Da Sex und Gewalt starke Erregung bewirken können, wobei als Faustregel gilt, je realistischer die Darstellung, desto größer die Erregung, sind Inhalte ohne Sex und/ oder Gewalt langweilig.[132]

Die Gefühle müssen während der Sendung entwickelt werden, denn wenn sie nur ein Resultat von Ergebnissen sind, kann sich der Rezipient nicht in die Lage hineinversetzen und mitfühlen. Bei schnell aufeinanderfolgenden Darstellungen von Gefühlen stellt sich die Reaktion beim Zuschauer erst ein, wenn eine neue Szene bereits begonnen hat. So aber blockiert die neue Information „eine Entfaltung der empathischen Reaktion bzw. es wird auf eine spätere Szene intensiver reagiert durch Übertragung der Emotion aus der früheren Szene." [133] Es kommt zu einer zeitlichen und inhaltlichen Entkopplung von Auslöser und Reaktion. Eine häufige Präsentation von Emotionen trägt das Risiko, dass beim Zuschauer eine abnehmende Gefühlsintensität ausgelöst wird. Es gibt bestimmte Gestaltungsmittel, die im Rahmen „realer" Sendungen die Darstellung von Emotionen fördern können. Drei wichtige sind Dramatisierung, Personalisierung und Stereotypisierung. Zum ersteren möchte ich gleich hier noch etwas sagen, auf die beiden anderen werde ich später gesondert eingehen.

In Reality Sendungen werden oftmals Augenzeugenvideos verwendet. Hier sind das Wackeln der Kamera oder die Unschärfe der Bilder nicht nur dilettantische Aufnahmeeigenschaften, sondern zugleich wichtige Elemente zur Erzeugung zusätzlicher

[131]   vgl. WEGENER, CLAUDIA (1994): a.a.O., S.45
[132]   WEGENER, CLAUDIA (1994): a.a.O., S.45
[133]   WEGENER, CLAUDIA (1994): a.a.O., S.45

Dramatik. Auch durch Gewalt- und Actionszenen kann die Dramatik hervorgehoben oder gesteigert werden. Wenn man sich durch das TV- Programm „zappt", dann bekommt man mit größter Wahrscheinlichkeit Szenen zu sehen, die Darstellung von Gewalt enthalten. „Aggression ist zum unabdingbaren Bestandteil des Angebots geworden."[134] Beim Rezipienten stellt sich durch eine spannende Handlung, schnelle Schnitte, laute Geräusche und entsprechender Musik schnell eine emotionale Erregung ein. Inwieweit er das Geschehen dann verinnerlicht, ist im Wesentlichen abhängig davon, wie nah er selbst dem Ereignis steht. Das Reality- TV übernimmt die formalen Gestaltungsmittel von Krimi- und Actionserien und erzeugt somit Spannung.

> Schnelle Schnitte, Schwenks und Zooms, die Um- und Überblendungen führen zu unvorhersehbaren Standort- und Szenenwechseln. […] Er [der Rezipient; Anm. d. Verf.] kann das jeweilige Gezeigte nicht vorausbedenken oder nachher – innerlich verbalisierend – begleiten, um so das Gesehene in eigene kognitive und emotionale Bezugssysteme einzubringen. Es bleiben längerfristig Eindrücke zurück, die auf die Dramatik und isolierte Einzelaspekte bezogen sind und weniger auf den Gesamtzusammenhang.[135]

Gefühle, sanft, leise und klein werden durch Dramatisierung erregend, lebhaft und spannend. Dramatisierung ist ein wichtiger Bestandteil im Reality Fernsehen, denn sobald beim Zuschauer ein Gefühl der Langeweile eintritt, steigt beim Sender die „Umschaltangst".[136] „For your story to appeal it has to have drama, conflict, strong characters caught up in interesting situations, and a satisfying resolution."[137] Was für den Film gilt, gilt auch für die Fernsehreportage. Es werden Geschichten benötigt, die das Herz der Zuschauer berühren oder von denen sie einfach den Blick nicht abwenden können.

---

[134] WEGENER, CLAUDIA (1994): *a.a.O.*, S.65
[135] WEGENER, CLAUDIA (1994): *a.a.O.*, S.70
[136] WEGENER, CLAUDIA (1994): *a.a.O.*, S.73
[137] ROSENTHAL, ALAN (1995): *Writing docudrama: dramatizing reality for film and TV*. Focal Press. Boston [u.a.], S.22

3.1.3 Zwischen Personalisierung, Identifikation und Stereotypisierung

Die Grenzen zwischen Öffentlichkeit und Privatheit verschwimmen im Zeitalter der Massenmedien immer mehr. Mit der Faszination des Intimen beschäftigt sich deshalb die Personalisierung. Der Soziologe und Philosoph Jürgen Habermas spricht davon, dass die Öffentlichkeit zur Sphäre der Veröffentlichung privater Lebensgeschichten wird.[138]

„In Podiumsdiskussionen und round- table- shows wird das Räsonnement der Privatleute zur Programmnummer, Massenmedien werden als Autoritäten der Lebenshilfe zu Adressaten für persönliche Nöte und Schwierigkeiten [...]."[139]

Die von den Massenmedien hergestellte Sphäre hat laut Habermas Züge sekundärer Intimität angenommen, weil „zum einen wird die Problematik der privaten Existenz zu einem gewissen Grad von der Öffentlichkeit aufgesogen, andererseits erhöht sich das Bewusstsein der Privatheit gerade durch eine solche Publizierung."[140] Hierbei können nicht nur Personen des öffentlichen Lebens, sondern auch der kleine Mann ins Blickfeld der medialen Öffentlichkeit geraten. Da aber hier die Person weniger interessant ist, muss sie zumindest im Zusammenhang mit einem außergewöhnlichen Ereignis stehen. Diesen Trend hat man im Fernsehen erkannt und nun wird der normale Mensch, jemand wie du und ich in einer Ausnahmesituation dargestellt, die möglichst tiefste emotionale Bewegtheit enthält und diese bestenfalls auch beim Zuschauer auslöst. Der Kommunikationswissenschaftler J. Grimm sieht hier einen Trend zur Trivialisierung von Medieninhalten.

> Die Meyers haben heute eine größere Chance, selbst im Fernsehen aufzutreten. Bertolt Brecht hat ja bei der Einführung des Radios darauf spekuliert, dass Massenmedien endlich demokratisiert würden, wenn erst jeder Empfänger und Sender zugleich sein könnte. Heute werden breite Schichten präsent auf dem Bildschirm. Es schwappt Volksfestniveau in die Kanäle. Wir sind der Demokratisierung ein Stück näher gekommen, es freut sich niemand darüber.[141]

Eine Personalisierung und Subjektivierung von Ereignissen macht betroffen, aber ein wirkliches Interesse wecken, können nach Angaben von Soziologe Richard Sennett, Ereignisse bei uns nur noch dann, wenn wir in ihnen Personen am Werke sehen,

---

[138] WEGENER, CLAUDIA (1994): *Reality- TV: Fernsehen zwischen Emotion und Information?*. Leske und Budrich. Opladen., S.52
[139] WEGENER, CLAUDIA (1994): *a.a.O.*, S.52
[140] WEGENER, CLAUDIA (1994): *a.a.O.*, S.52
[141] WEGENER, CLAUDIA (1994): *a.a.O.*, S.53

wenn sie sich also für uns in Personen verkörpern.[142] „Die medial veröffentlichte Intimität persönlicher Emotionen lässt das Publikum an dem Schicksal des einzelnen teilhaben."[143] Die Gefahr, die besteht ist, dass Intimität letztlich zum einzigen Glaubwürdigkeitskriterium verkommt und die Gesellschaft heutzutage einzig in psychologischen Kategorien gemessen wird.[144]

Zur Nutzung der Personalisierung als mediales Gestaltungsmittel aus Sicht der Produzenten, kann gesagt werden, dass die Darstellung persönlicher Schicksale einen hohen Stellenwert in der Medienlandschaft einnimmt. „Die Produzenten der Sendungen sind sich durchaus der Faszination der Intimität bewusst. Sie sind es auch, die die Kontakte zu den Betroffenen herstellen und ihnen die fernsehgerechte Umsetzung des eigenen Schicksals anbieten."[145] Sie recherchieren in der Zeitung oder in anderen Medien, fragen direkt bei den beteiligten Personen und Institutionen nach und bieten an, ihre Geschichte an die Öffentlichkeit zu bringen. Das Interesse daran scheint groß zu sein, denn die Begebenheiten scheinen nicht abzureißen, wie sonst schafft es ein Mittagsmagazin jeden Tag aufs Neue, bewegende Geschichten aus dem Alltag zu bringen. Die Intention derer, die dann im Fernsehen auftreten, ist sicherlich unterschiedlich. Die einen wollen aufklären oder einfach nur berichten, andere wollen auf ein Schicksal aufmerksam machen oder warnen und wieder andere wollen einfach nur ins Fernsehen. Wichtig für den Sender ist dabei nur, ob sich die Geschichte gut auf dem Bildschirm verkauft. Dabei müssen vor allem die Menschen möglichst glaubwürdig rüberkommen.

> Die Glaubwürdigkeit ist ein Kriterium, das auch auf Kosten professioneller Machart durchgesetzt wird. Die Beteiligten, die unmittelbar Betroffenen, stehen dabei im Mittelpunkt des Geschehens. Ihre Aufgabe ist es Authentizität zu vermitteln und das Ereignis aus einer ganz privaten, subjektiven Sicht zu schildern. Neben der `Menschlichkeit`, die dadurch zum Ausdruck kommt, gewinnt das Ereignis durch die impulsive Schilderung, verbunden mit authentisch verkörperten Emotionen an Dramatik.[146]

Beim Rezipienten wirkt Personalisierung am besten, wenn dieser wenig eigene Erfahrung im Zusammenhang mit dem behandelten Thema gesammelt hat, die Authentizität der Geschichte, im besten Fall gar nicht anzweifeln kann. Fürs Fernsehen typi-

---

[142] WEGENER, CLAUDIA (1994): *a.a.O.,* S.54
[143] WEGENER, CLAUDIA (1994): *a.a.O.,* S.54
[144] vgl. WEGENER, CLAUDIA (1994): *a.a.O.,* S.54
[145] WEGENER, CLAUDIA (1994): *a.a.O.,* S.55
[146] WEGENER, CLAUDIA (1994): *a.a.O.,* S.57 f.

sche Konkretisierungen sind für Leute ohne weiterführende Schulbildung sehr entgegenkommend.

Aber oft rückt so die exemplarische Darstellung an den Platz der allgemeinen Aussage, die durch die Illustration nur veranschaulicht werden sollte. An welche Personen aber wird sich auch nach der Ausstrahlung noch erinnert?

> Es zeigte sich, dass alles, was Politiker, Professoren, Experten und Interessenvertreter jedweder Couleur der Welt an Wichtigem mitzuteilen haben, bei den Zuschauern nie die Anerkennung erhielt, die die Aussagen jener erfuhren, die zu Wort kamen, weil sie in irgendeiner Form von der Sache betroffen waren. Ihr Status als Betroffene verlieh ihnen eine Kompetenz und Glaubwürdigkeit, die durch keinen Titel und kein Diplom so schnell aufzuwiegen war.[147]

Die Betroffenen sind für das breite Publikum wichtig, weil ihr Handeln verständlicher ist. Wenn man sich in eine Situation hineinversetzen kann, versteht man auch die Inhalte leichter und kann sich mit diesen auseinandersetzen. Besonders gut funktioniert dies, wenn eine soziale oder personale Ähnlichkeit vorliegt. Hierbei ist es uninteressant, ob einem die betroffene Person sympathisch oder unsympathisch erscheint und ob man als Zuschauer, hinter der dargestellten Handlungsweise steht. „Auf Distanz gehen die Rezipienten jedoch, wenn der Protagonist seiner Rolle als `Mensch wie du und ich` nicht mehr gerecht wird, z.B. weil sein Auftreten künstlich oder gestellt wirkt."[148] Auch die Regionalität eines Ereignisses spielt immer eine Rolle. „Weist ein geschildertes kriminelles Ereignis eine räumliche Nähe zum Rezipienten auf, so wird ihm die Möglichkeit genommen anzunehmen, dass es woanders noch schlechter ist (downward comparison)."[149] Die Identifikation des Rezipienten mit dem Darsteller ist umso größer, wenn es Parallelen zur sozialen und wirtschaftlichen Realität gibt. Personalisierung im Sinne von Konkretisierung erleichtert das Behalten von Inhalten. „Inwieweit der Zuschauer Emotionen nachvollzieht oder mitfühlt, ist auch davon abhängig, wie stark er in die Filmhandlung involviert ist."[150] Der Pädagoge und Psychologe Keilhacker stellte 1960 vier Perspektiven auf, die der Rezipient haben kann. Es gibt das Mitspielen, das vermehrt bei Kindern und Jugendlichen auftritt, sie versinken regelrecht in der Realität des Filmes. Beim Nacherleben wird sich seelisch in den anderen Menschen hineingefühlt, Jugendliche die so einen

---

[147] WEGENER, CLAUDIA (1994): *Reality- TV: Fernsehen zwischen Emotion und Information?.* Leske und Budrich. Opladen., S.59
[148] WEGENER, CLAUDIA (1994): *a.a.O.,* S.60
[149] WEGENER, CLAUDIA (1994): *a.a.O.,* S.60
[150] WEGENER, CLAUDIA (1994): *a.a.O.,* S.61

Film erleben, beschreiben sich meist als mitfühlende Zuschauer und sind stark bewegt, auch ohne das Schicksal der gezeigten Menschen auf sich selbst zu übertragen. Der interessierte Beobachter steht über den Dingen und hält sich raus, während der unberührte Zuschauer völlig ungerührt ist und sich nicht in den Bann des Geschehens hineinziehen lässt.[151] Ein Erwachsener kann seinen Standpunkt zusätzlich innerhalb und außerhalb des Filmes wechseln. „Welche Rezeptionshaltung der Betrachter einnimmt, hängt zum einen von seinem Persönlichkeitstyp ab, andererseits können aber auch mediale Gestaltungsmittel die Anteilnahme am Filmgeschehen beeinflussen."[152] Ein filmdramaturgisches Mittel ist beispielsweise, die Hauptfigur gleich am Anfang herauszukristallisieren und durch sympathische Wesenszüge zu charakterisieren. Aktive Reaktionen beim Filmerleben können aber dazu führen, den Wunsch zu haben, selbst in das Geschehen eingreifen zu wollen. Das erkennt man oft daran, wenn besonders viele Zuschauerbriefe den Sender nach der Ausstrahlung einer Sendung erreichen. Hier überwiegen meist die negativen Gefühle und man will dem „Menschen von nebenan" hilfreich unter die Arme greifen oder aber zurechtweisen.

Medien tragen auch zum Aufbau und zur Verfestigung von Stereotypen bei, insbesondere bei Kindern und Jugendlichen. Lippmann definierte Stereotyp mit „the world outside and the pictures in our head".[153] Dabei stellt sich die Frage, ob Stereotype immer vorurteilbehaftet sein müssen. Stereotypisierung meint immer auch eine Kategorisierung. Also eine Klassifizierung ähnlicher Personen oder Dinge in einer gemeinsamen Kategorie, wobei der Aufwand einer Differenzierung erspart bleibt. Die Erwartung, dass sich Mitglieder einer Kategorie so verhalten, wie die mit denen man selbst bisher Kontakt hatte, fasst man unter dem Begriff Generalisierung zusammen. So wird das Verhalten bisher unbekannter Mitglieder in der Gruppe vorhersagbar, dabei kann es aber zu einer Akzentuierung kommen, was heißt das man Ähnlichkeiten einer Kategorie und Unterschiede zwischen den Kategorien überschätzt.[154] In den Medien werden oft stereotype Darstellungsmuster benutzt, weil die Kürze der Beiträge oftmals keine Charakterentwicklung zulässt. Deshalb liegt es nahe mit Klischees und standarisierten Handlungsabläufen zu arbeiten. Somit können Emotionen konzentriert dargestellt werden. Mit dem Gebrauch von Stereotypen bindet man auch

---

151   vgl. WEGENER, CLAUDIA (1994): *a.a.O.,* S.61
152   WEGENER, CLAUDIA (1994): *a.a.O.,* S.62
153   WEGENER, CLAUDIA (1994): *a.a.O.,* S.75
154   vgl. WEGENER, CLAUDIA (1994): *a.a.O.,* S.75

ein bestimmtes Publikum an sich, denn „wer einschaltet, weiß, was ihn zu erwarten hat."[155] Die Gefahr die besteht, ist, dass der Stereotyp für die Zuschauer zur einzig wahren Wirklichkeit wird.

---

[155] WEGENER, CLAUDIA (1994): *a.a.O.,* S.78

3.2 Exkurs: Die Rolle des Reporters

„Wenn man mich ließe, ich würde es sofort wieder tun. Allein beim Gedanken an diese Arbeit spüre ich den Kitzel, loszuziehen, mit dem Team raus auf die Straße, Geschichten zu recherchieren, sie abzufilmen, einzufangen, im Schnitt zu zerstückeln, zu sortieren und neu zusammenzusetzen."[156]

„Der Reporter soll ja nicht bloß Internist sein, sondern er ist auch erbarmungsloser Chirurg, er muss schneiden, um den Aufbau des Organismus zu zeigen, oder die lächerliche Eiterblase, die alle Funktionen stört."[157]

Zwei Aussagen, die die Arbeit des Reporters treffend beschreiben. Die erste stammt aus dem Roman *Fernsehland – Eine fast wahre Geschichte*, die 1999 erschien. Die zweite Aussage stammt vom Reporter Leo Lania aus dem Jahre 1926. Beide laufen darauf hinaus etwas erst zerstückeln zu müssen, um die Wahrheit zeigen zu können. Sei es nun früher, durch intensive Recherchearbeit oder heute durch das gekonnte Aneinanderreihen von einzelnen Bildern und Tönen.

> Neben klassischen journalistischen Vorgehensweisen, wie Recherchen am Ort des Geschehens und in den Archiven, Interviews mit Zuständigen, Betroffenen und Experten, setzte er [Max Winter; Anm. d. Verf.] auch typische sozialwissenschaftliche Methoden ein, etwa die offene oder verdeckte teilnehmende Beobachtung, Gespräche mit und ohne Leitfaden.[158]

Interviews sind immer noch wichtige Bestandteile der Geschichte, die der Reporter dem Zuschauer nahe zu bringen versucht. Sie müssen sorgfältig geplant werden, denn durch sie werden die wesentlichen Inhalte übermittelt. Das heißt vor allem viele Informationen, aber auch Emotionalität und Atmosphäre. Sie sollen etwas beweisen und/oder an einen Menschen näher heranführen.[159]

Hierbei gibt es zwei Ebenen der Kommunikation: „zum einen ist das die inhaltliche Ebene, also das, was der Interviewpartner sagt, und zum anderen ist es die emotiona-

---

[156] SCHILLER, FRANCIS (1999): *Fernsehland: eine fast wahre Geschichte.* Rogner & Bernhard bei Zweitausendeins. 1. Auflage. Frankfurt am Main., S.8

[157] WINTER, MAX (2007): *Expeditionen ins dunkelste Wien: Meisterwerke der Sozialreportage.* Picus Verlag. 2. Auflage. Wien. Haas, Hannes (Hrsg.), S.18

[158] WINTER, MAX (2007): *a.a.O.,* S.20

[159] vgl. SCHOMERS, MICHAEL (2001): *Die Fernsehreportage: von der Idee zur Ausstrahlung; Reportage, Dokumentation, Feature; ein Buch für Einsteiger im Film- und TV- Business.* FAZ- Inst. Für Management-, Markt- und Medieninformation. Frankfurt am Main., S.163

le Ebene, also wie er etwas sagt."[160] Letztere ist oft noch wichtiger, denn daran entscheidet sich, ob man dem, was derjenige sagt, überhaupt glauben kann. So kann man Zurückhaltung, Enthusiasmus, Unsicherheit und Übertreibungen leichter erkennen. Körpersprache, emotionale Signale können dem Zuschauer durchaus genau das Gegenteil der jeweiligen Worte vermitteln. Die Aufnahme dieser Originaltöne, oder auch O-Töne, muss häufig wiederholt werden, damit Autor, Kamera und Ton zufrieden sind. Oftmals passiert es aber, dass man am Schneidetisch dann doch lieber die erste Version verwendet, da diese am authentischsten rüberkommt, nur diese ist wirklich spontan.[161]

Aber nicht überall reagiert man freundlich und erfreut, wenn das Fernsehen sich ankündigt. „Vor allem dann nicht, wenn man kritische Fragen befürchten muss, weil das Thema des Interviews bekannt ist, man sowieso ein schlechtes Gewissen hat oder sich denken kann, dass es auf jeden Fall um etwas Unangenehmes geht." [162]

Die Zuschauer haben ein Recht auf Antworten, auch und gerade auf kritische Fragen, egal ob es den Befragten passt oder nicht. Ein schwieriger Fall ist hier das Drehen bei Behören. In jedem Fall braucht man eine Drehgenehmigung und diese kann nicht einfach abgelehnt werden, da die Öffentlichkeit ein Recht auf Information haben.

> [Dies] schließt auch das Recht ein, die Arbeit der Behörden zu zeigen, wenn nicht gravierende Aspekte (zum Beispiel Sicherheit, Datenschutz und so weiter) dagegen sprechen. Die Informationsfreiheit und die Freiheit der Berichterstattung durch Presse und Rundfunk ist im Grundgesetz garantiert.[163]

Die Grundregel lautet immer noch, die Kamera einfach laufen zu lassen, denn grundsätzlich gilt, wenn jemand sieht, dass er gefilmt wird und nichts dagegen unternimmt, also Einspruch erhebt, dann ist dies als Einverständnis zu werten.[164] Dies trifft ebenfalls bei Diskussionsbeteiligungen und dem einfachen Antworten auf gestellte Fragen zu. Ein Rückzug der Einwilligung ist nur möglich, wenn vorher ein Widerspruchsrecht festgelegt wurde oder aber auf Anordnung von „ganz oben", sprich gerichtlich. Oftmals kann so zumindest erreicht werden, dass Juristen den Film überprüfen und gegebenenfalls bestimmte Passagen entfernen oder ändern lassen.

---

[160]   SCHOMERS, MICHAEL (2001): *Die Fernsehreportage: von der Idee zur Ausstrahlung; Reportage, Dokumentation, Feature; ein Buch für Einsteiger im Film- und TV- Business.* FAZ- Inst. Für Management-, Markt- und Medieninformation. Frankfurt am Main., S.164

[161]   vgl. SCHOMERS, MICHAEL (2001): *a.a.O.,* S.163

[162]   SCHOMERS, MICHAEL (2001): *a.a.O.,* S.169

[163]   SCHOMERS, MICHAEL (2001): *a.a.O.,* S.122

[164]   vergl. SCHOMERS, MICHAEL (2001): *a.a.O.,* S.171

Ein Reporter nimmt so einiges auf sich, um an seine Quellen, Geschichten und auch Interviews zu kommen. Die Anwendung aufwändiger und arbeitsintensiver Verfahren, wie Quellenrecherchen, unkonventionelle Recherchen am Ort des Geschehens, des Rollenspiels, der Verkleidung und des Identitätswechsels sowie die Integration wissenschaftlicher Ergebnisse, helfen dem Reporter in tiefere Regionen vorzudringen und Einblicke zu seinem Thema zu erhalten, die ihm sonst verwehrt geblieben wären.[165]

> Wenn Journalisten Rollen übernehmen, dann täuschen sie, um nicht getäuscht zu werden. Seine Verkleidungen und das unerkannte Einschleichen in fremde Milieus, der maskierte Gang in die Welt der gesellschaftlichen Außenseiter und Unterdrückten, ließen Winter Elend und Unrecht unmittelbar am eigenen Leib spüren. [...] Die Enthüllung von Missständen gelang durch Verkleidung.[166]

Es gibt Reporter die sogar soweit gehen, längere Zeit in das Leben derer zu schlüpfen, über die sie schreiben möchten.

> Der aktionistische Selbstversuch bedeutet körperliche Anstrengung, aber für die Reise in Schmutz, Kälte und Hunger bleibt dem Rollenjournalisten immerhin eine Rückfahrkarte. Entscheidend [...] bleibt der Subtext [...]: Wenn schon eine Stunde, drei Stunden, ein Tag in dieser Situation so schlimm sind, was muss es dann erst heißen, sein ganzes Leben unter solchen Bedingungen zu verbringen?[167]

So ermöglicht der Reporter seinen Lesern einen direkten Einblick in fremde Lebenswelten und in die Arbeitsweise bestimmter Institutionen, sei es als Arbeitslose(r) und Wohnungssuchende(r), als Arbeiter(in) und Verkäufer(in) oder als Bettler(in). Natürlich kann die Sicht des Reporters nicht völlig unverfälscht sein, man denke nur an das *Hartz- IV- Experiment* auf RTL, in dem ein Reporter versuchte einen Monat lang mit 345 € auszukommen. Mit dieser Aktion, die „volksnaher" nicht sein konnte, machte der Sender im Jahre 2007 auf sich aufmerksam. Mit einer Videokamera dokumentierte der Reporter sein Leben in Berlin- Marzahn Tag für Tag. Die Resonanz auf den Bericht war laut RTL weitgehend positiv.[168] Doch schnell erkennt man, dass der Reporter nicht die Wirklichkeit darstellen kann, denn was ist schon ein Monat gegen ein paar Jahre. In einem Monat fallen weitaus weniger Ausgaben an, als über

---

[165] WINTER, MAX (2007): *Expeditionen ins dunkelste Wien: Meisterwerke der Sozialreportage.* Picus Verlag. 2. Auflage. Wien. Haas, Hannes (Hrsg.), S.21
[166] WINTER, MAX (2007): *a.a.O.,* S.23
[167] WINTER, MAX (2007): *a.a.O.,* S.24
[168] IDEALO INTERNET GMBH (2007): RTL Reporter auf Hartz- IV – Arm für einen Monat http://news.idealo.de/news/6291-rtl-reporter-hartz-iv-armut.html [Datenabruf vom 01.02.2009, um 17:03 Uhr.]

das Jahr verteilt, denn dann kann die ein oder andere Reparatur des Autos oder Krankheit hinzukommen, die das Leben mit nur 345 € verschärfen. Der Einblick bleibt subjektiv und kann nur die Zuschauer zum Nachdenken anregen, was die zahlreichen Zuschriften unlängst bewiesen haben.

Der Journalist dient als Kommunikationshelfer, er soll die bekannte Wirklichkeit aus einer neuen, manchmal überraschenden Perspektive zeigen. Dabei ist es wichtig Informationen so darzubieten, dass der Zuschauer sich betroffen zeigt. Der Journalist vermittelt, dabei steht er oft unter dem Druck der Aktualität, in jedem Fall aber unter dem Druck konkreter Ereignisse. „Journalisten müssten Sensationen zum Thema ihrer Berichterstattung machen, aber ganz andere als die Klatschblätter, nämlich soziale Sensationen."[169]

> Der Reporter fungiert in diesem Kontext als Kundschafter, der seinen Lesern von Glanz und Elend der Großstadt berichtet. Stellvertretend für den Leser tritt er die Reise ins Innere von Metropolis an. […] er kundschaftet Mietskasernen aus und streift durch Rotlichtbezirke, und er ist es, der sich auf die Reise ins ``Mosaik der kleinen Welten`` von Metropolis […] begibt […].[170]

Ein wichtiger Punkt der noch angesprochen werden muss, ist die Frage nach dem Honorar. Michael Schomers Meinung hierzu ist eindeutig, er lehnt den sogenannten Scheckbuch- Journalismus weitestgehend ab.

> Bei Dokumentationen und Reportagen werde auch ich manchmal nach einem Honorar gefragt. Ich lehne das Zahlen von echten Interviewhonoraren jedoch ab und habe dies nur einmal in sehr kleinem anderem Rahmen gemacht: Die Ausnahme war der Film ``Alltag Armut`` bei dem ich den Sozialhilfeempfängern jeweils eine kleine Aufwandsentschädigung gezahlt habe. Dafür kamen sie auch alle an einem Tag in ein Studio, damit unser Fotograf seine Aufnahmen machen konnte.[171]

Interviewhonorare stellen ein ethisches Problem dar. „Mit dem Auftauchen der kommerziellen Sender hat sich eine Unsitte immer weiter verbreitet: das Zahlen von Interviewhonoraren."[172] Jeder will der erste sein, der das Interview führt und wenn möglich auch der einzige. Das Recht der Exklusivität treibt die Honorare, besonders wenn es um Prominente geht, in unvorstellbare Höhen. Jeder möchte sich seine Ge-

---

[169] WINTER, MAX (2007): *a.a.O.,* S.19

[170] LINDNER, ROLF (2007): *Die Entdeckung der Stadtkultur: Soziologie aus der Erfahrung der Reportage.* Campus- Verlag. Neuauflage. Frankfurt am Main [u.a.]., S.46

[171] SCHOMERS, MICHAEL (2001): *Die Fernsehreportage: von der Idee zur Ausstrahlung; Reportage, Dokumentation, Feature; ein Buch für Einsteiger im Film- und TV- Business.* FAZ- Inst. Für Management-, Markt- und Medieninformation. Frankfurt am Main., S.179

[172] SCHOMERS, MICHAEL (2001): *a.a.O.,* S.178

schichte vergolden lassen. Für Reportagen die mit den Menschen von nebenan gedreht werden, werden meist nur Spesengelder gezahlt. Dies geschieht oft unter dem Decknamen der Aufwandsentschädigung, Reisekostenabdeckung oder als Bonus für die Kaffeekasse.[173] Vielfach wollen die Darsteller in Reportagen oder Dokumentationen nur auf ihre gegenwärtige Situation aufmerksam machen und sind schon froh darüber, wenn sich überhaupt ein Fernsehsender für ihre Geschichte interessiert. Und ein guter und einfühlsamer Reporter wird immer auf Leute treffen, die ihm bereitwillig ihr Leben offenbaren.

---

[173]   vgl. SCHOMERS, MICHAEL (2001): *a.a.O.,* S.178 f.

4 Analyse aktueller Sozialreportagen mit der Thematik: Kinderarmut in Deutschland

4.1 Zum Einstieg

Aus einer Vielzahl von aktuellen Reportagen die das Thema Kinderarmut aufgegriffen haben, galt es nun drei möglichst unterschiedliche für die Analyse herauszusuchen.

Die erste Wahl fiel auf die Sendereihe *ARD Exclusiv Die Reportage*, „Eine Familie und ihre Helfer vom Amt". Sie steht stellvertretend für den eher sachlichen Dokumentarismus der öffentlich- rechtlichen Programme. Es werden hier nicht mehrere Schicksale aneinander gereiht, sondern sich auf eine Familie konzentriert. Der Zuschauer erhält so einen weitaus intensiveren Einblick.

Die zweite Reportage wurde von einem privaten Sender produziert. *Spiegel TV Extra* begleitet in „Kaum Geld und trübe Aussichten – Kinderarmut in Deutschland" mehrere Familien und stellt diverse Hilfseinrichtungen und ihre Arbeit näher vor. Interessant ist, dass die meisten nicht auf Kosten des Staates leben wollen, ihnen aber nichts anderes übrig bleibt. Einige von ihnen sind trotz Arbeit arm. Die Reportage arbeitet im Off- Kommentar mit vielen statistischen Angaben, so dass sie sich der Seriosität der staatlichen Sender hierüber versucht anzunähern.

Zum Abschluss bietet sich die Analyse eines täglich erscheinenden Magazinformates an. Die wochentags stattfindende Ausstrahlung lässt schon auf eine weniger durchdachte und oberflächliche Arbeitsweise schließen. *We are family – So lebt Deutschland* konzentriert sich ebenfalls nur auf eine einzelne Familie aus Berlin. Familie Thiel wurde in der vorangegangenen *Spiegel TV Extra* Reportage schon einmal kurz erwähnt. Somit ist es interessant zu sehen, wie diesmal über sie berichtet wird und ob sich die Darstellungen gleichen. Das Magazin orientiert sich sehr an den Eigenschaften von Reality- Formaten. Informationen rücken in den Hintergrund und das Hauptaugenmerk wird auf die Familie und ihre Handlungen und Gefühle gerichtet. *Spiegel TV Extra* zählt ebenfalls zu den Magazinformaten und wird einmal die Woche ausgestrahlt. Behandelt werden meist tagesaktuelle Stoffe, oder Themen die die Öffentlichkeit interessieren.

ARD Exclusiv läuft hingegen unregelmäßig. Ausgestrahlte Sendungen die gute Quoten erzielten, werden des öfteren aber auch in den Drittprogrammen wiederholt. Alle drei Reportagen wurden im Jahr 2007 produziert und ausgestrahlt. So erhält man einen guten Einblick in die unterschiedlichen Arbeitsweisen zur ein und derselben Thematik. Bei der Analyse gilt es zu beachten, dass Fernsehen alles in sich vereint, Sprache, Bilder und Musik.

„Es geht um Geschichten, Information und Unterhaltung. Im Fernsehen kann ein Gesichtsausdruck genauso für Aufmerksamkeit sorgen, wie eine kühne Bilddiagonale oder ein gut formulierter Gedanke."[174]

Gerade diese Komplexität macht das Fernsehen so schwer untersuchbar. Das Angebot ist überwältigend. Vielfalt ist eigentlich etwas positives, doch für die Wissenschaft schafft sie Probleme. Auch wenn jedes einzelne Gestaltungselement einer Fernsehreportage - Kamera, Schnitt, Ton, Text - ein eigenes Buch rechtfertigen würde, soll die Analyse hier zumindest versucht werden.[175]

---

[174] WITZKE, BODO / ROTHAUS, ULLI (2003): *Die Fernsehreportage.* UVK- Verlag- Ges.. Konstanz., S.85

[175] WITZKE, BODO / ROTHAUS, ULLI (2003): *a.a.O.,* S.86

4.1.1 ARD Exclusiv Die Reportage: Eine Familie und ihre Helfer vom Amt

Auflistung wichtiger Eckdaten der Reportage nach dem Schema von Benedikt Berg-Walz in seinem Buch „Vom Dokumentarfilm zur Fernsehreportage"[176].

Titel: Eine Familie und ihre Helfer vom Amt

Untertitel: -

Produktionsnummer: -

Ein Film von: Rütger Haarhaus

Mitarbeit: -

Kamera: Carsten Nollert, Martin Warren

Schnitt: Rick Gajek

Produktion: Gerhard Hehrlein

Redaktion: Anne Balzer, Bettina Schmidt- Matthiesen

Länge: 30 Minuten

Sendetermin: 08.08.2007

Einschaltquote: 8,6 %

Zuschauer: 2,29 Mio. Zuschauer

Hergestellt vom Hessischen Rundfunk im Jahre 2007.

Das Format für die die Reportage produziert wurde, soll nun kurz vorgestellt werden. Die Reportagen und Dokumentationen der Sendereihe *ARD Exclusiv* werden für die öffentlich rechtlichen Sender hergestellt. In 30 Minuten wird unter dem Motto: *Zeitgeschehen*[177], aktuelles aus Deutschland und der Welt porträtiert. Die Reportagen werden laut Dr. Erika Mondry, Redakteurin der Feature Redaktion des NDR vor allem von freien Mitarbeitern gemacht.[178] Sie arbeiten u.a. der ARD zu. Diesmal wurde die Reportage vom Hessischen Rundfunk produziert.

ARD-Exclusiv holte mit *Eine Familie und ihre Helfer vom Amt* nur 2,29 Millionen Zuschauer vor den Bildschirm, der Marktanteil beim Gesamtpublikum lag bei gerade mal 8,6 Prozent.[179]

---

[176] BERG- WALZ, BENEDIKT (1995): *Vom Dokumentarfilm zur Fernsehreportage.* Verlag für Wissenschaft und Forschung. 1. Auflage. Berlin.

[177] vgl. CINEFACTS GMBH (2009): ARD Exclusiv Reportagen und Dokumentationen. http://www.cinefacts.de/tv/details.php?id=krkbe2000000000001459173 [Datenabruf vom 27.02.2009, um 01:49 Uhr.]

[178] vgl. WEICHLER, KURT (2003): *Handbuch für freie Journalisten: alles was wichtig ist.* 1. Aufl. Westdt. Verl. Wiesbaden. S.126

[179] MEDIENMAGAZIN DWDL.DE GMBH (2007): *Quoten ARD Exclusiv Die Reportage*

Der Hessenreporter beobachtete die Familie Bürger, eine von 20 Familien in Bad Homburg, die aufgrund unzumutbarer Lebensverhältnisse rund um die Uhr vom Jugend- und Sozialamt betreut werden müssen.

Manuela und Martin Bürger haben zusammen mit ihren drei kleinen Söhnen Maurice, Miguel und Mike in einer total verdreckten Wohnung gelebt. Dann kamen die Helfer vom Amt. Sie säuberten und renovierten die Wohnung von Grund auf, doch damit war es nicht getan. Eine Familienhelferin musste den Bürgers nun beibringen, wie sie ihre Wohnung auch weiterhin sauber halten und ihr Leben richtig organisieren. Nun wird nach Arbeit für Martin Bürger gesucht und die Kinder werden endlich in einem Kinderhort betreut und gefördert.

Außer der Familie Bürger kommen vornehmlich Experten, die im Titel genannten *Helfer vom Amt,* zu Wort. Die Anzahl der Personen ist übersichtlich, hierzu zählen die Familienhelferin Silvia Schäfer, der Spediteur Karl Dietermann, der Leiter der Hilfsaktion Reiner Zinsinger, sein Kollege Herr Kaiser und Erzieherin Sandra Breuer. Einzige Ausnahme sind die Äußerungen einer Nachbarin der Bürgers am Ende des Films.

Neben der aktuellen Thematik Kinderarmut in Deutschland spielte sicher die zunehmende Verwahrlosung von Kindern eine Rolle. Gerade in den Jahren 2007/ 2008 wurde in den Medien vermehrt über Kindesmisshandlungen bis hin zur deren Tötung gesprochen. Meist ereigneten sich diese Vorfälle in völlig heruntergekommenen Wohnungen, in denen überforderte Eltern lebten. Vor allem das Jugendamt wurde darauf hin scharf kritisiert und Nachbarn befragt, von denen natürlich keiner etwas mitbekommen haben wollte. Eine Reaktion der Filmemacher war es aufzuzeigen, wie schlecht es Kindern und ihren Familien in Deutschland wirklich geht. Die Einblicke schockierten viele Zuschauer. Erst später wurden Projekte wie Organisationen, Ämter und Vereine vorgestellt, die sich damit beschäftigen diesen Menschen zu helfen. Und so ist es nicht verwunderlich, das nun endlich auch das Jugendamt seine Türen öffnet und Einblicke in seine Arbeit gewährt. 2006 besuchte der Autor Rüttger Haarhaus die Bürgers das erste Mal und drehte die Reportage: „Eine Familie ganz

http://www.dwdl.de/article/news_12055,00.html [Datenabruf vom 27.02.2009, um 01:54 Uhr.]

unten"[180]. Damals hieß es noch, dass das Jugendamt sich zwar kümmere, aber bisher nur wenige Erfolge erzielt werden konnten.

Das Rüttger Haarhaus die Familie bereits kennt, bleibt dem Zuschauer der aktuellen Reportage leider vorenthalten. Möglich ist, dass das Jugendamt selbst den Filmemacher erneut eingeladen hat, um zu zeigen, das es langsam aufwärts geht, man aber nicht will, dass die Umstände, die zu dieser Hilfe führten, nochmals genau aufgeführt werden. Wenn der Zuschauer Interesse hat, so scheint hier das Motto, wird er sich die fehlenden Informationen schon selbst besorgen können.

Die Thesen seines aktuellen Filmes sind folgende: Wird es gelingen, die jungen Eltern und ihre drei Kinder endlich aus dem Chaos herauszuholen und in ein normales Leben zurückzuführen? Welche Lösung wird die beste für die Kinder sein?

Das besondere an der Reportage ist, dass sich nur auf eine Familie konzentriert wird. Somit erhält der Zuschauer einen viel tieferen Einblick in das Privatleben der Bürgers.

Innerhalb des Films wechseln sich Aufnahmen mit oder ohne Off- Kommentar mit den Interviews ab. Ab und an hört man den Reporter, der Zwischenfragen stellt. Insgesamt ist die kurze Reportage sehr abwechslungsreich gestaltet. Die Drehorte werden oft gewechselt, so sieht der Zuschauer nicht nur die Wohnung und den Garten der Familie Bürger, sondern lernt u.a. die Einrichtungen des Kinderhauses, die Taunus Dienste und das Landratsamt Bad Homburg kennen.

Zur visuellen Gestaltung wurden neben einer Rückblende, vor allem viele Schnitte verwendet. Die Off- Kommentare passen meist zum Bild, sie ergänzen oder beschreiben und geben dem Zuschauer Hintergrundinformationen. Leider gibt es keine Einblendungen von Namen und Beruf oder Beschäftigung der gezeigten Personen. So wird es schwierig, auch wenn die Namen häufiger wiederholt werden, sich diese zu merken oder auch nur richtig zu verstehen. Häufig wird die Handkamera der feststehenden Kamera vorgezogen. Die Nutzung eines Stativs wird bei den längeren Interviews mit den Betreuern deutlich, da es kein verwackeltes Bild gibt. Die feste Kamera erhöht aber auch den Inszenierungscharakter dieser Szenen. Wenn zusätzlich auch die Ausleuchtung stimmt, wird dem Zuschauer klar, dass hier offensichtlich in

---

[180] HR (2006): Hessen Reporter ``Eine Familie ganz unten.``, Reportage von Rütger Haarhaus für den Hessischen Rundfunk. http://www.hr-online.de/website/fernsehen/sendungen/index.jsp?rubrik=21920&key=standard_document_27753154 [Datenabruf vom 27.02.2009, um 02:01 Uhr.]

die Wirklichkeit eingegriffen wurde. Nun kommt es auf den Sprecher oder den Interviewpartner an, sich möglichst glaubhaft zu äußern. Zur Problematik der Authentizität innerhalb dieser Reportage gehe ich gleich noch einmal ein, nun aber erst Informationen zur auditiven Gestaltung.

Das gesprochene Wort steht hier eindeutig im Vordergrund, es läuft nur wenig Musik im Hintergrund. Eine musikalische Unterlegung finden wir während des Einspielers *ARD Exclusiv* plus dem ARD Symbol, gefolgt von *Die Reportage im Ersten* und dem aktuellem Titelthema: *Eine Familie und ihre Helfer vom Amt*, sowie dem Zusatz, das es sich hier um eine Reportage von Rüttger Haarhaus handelt. Die Titelmelodie der Reportagereihe wird in jeder Sendung beibehalten. Musik wird auch verwendet, als dem Zuschauer in einer Rückblende deutlich gemacht werden soll, wie schlimm es vorher in der Wohnung aussah. Durch die spezielle Kameraführung mutet der Blick auf die früheren Lebensverhältnisse der Familie wie der Besuch eines Raumes in einem Videospiel an. Der Beobachter folgt dem Blick der Kamera, die ihm einen Rundumblick verschafft. Ein *point- of- view- shot*[181], hierbei folgt der Zuschauer über die Kamera dem Blick der Person, die das Geschehen beobachtet. Passend zum chaotischen Eindruck wurde eine melodramatische Melodie gewählt. Mit der letzten Aufnahme des Films und der Einblendung des Abspanns klingt die Reportage wieder mit der für die Sendereihe typischen Melodie aus.

Die gezeigten Interviews werden oft zusammengestückelt, so dass einige Schnitte sogar Laien auffallen. Ein Hinweis darauf, das entweder nicht genügend Nachbearbeitungszeit vorhanden war oder aber nicht genügend gutes Material. Die Kommentare aus dem Off sind ebenfalls kurz und leicht verständlich. Die Stimme des Kommentators hat nichts reißerisches oder vorwurfvolles an sich, sondern versucht ruhig und neutral die Zuschauer über die Situation der Familie aufzuklären. Der Gebrauch von Fremdwörtern ist eher untypisch. Das Gleiche gilt für die Interviews.

Ein gutes Mittel um Authentizität zu schaffen, ist es, lange ungeschnittene Szenen zu verwenden. Hier wird dem zumindest versucht nachzukommen. Es gibt durchaus die ein oder andere längere Einstellung. Auffällig ist die häufige direkte Augenzeugenschaft des Zuschauers. Er kann sowohl einem eigentlich privaten Treffen der Betreuer beiwohnen, als auch Daniela Bürger auf ihrem Ausflug zu den Taunusdiensten

---

[181]   MIKOS, LOTHAR (1994): *Fernsehen im Erleben der Zuschauer: vom lustvollen Umgang mit einem populären Medium.* Quintessenz. Berlin [u.a.], S.156

begleiten. Diese Szenen wirken dann auch immer sehr authentisch, bei anderen hingegen, keimen Vermutungen auf, dass sie im Voraus geplant wurden. Sicherlich wurde bei der Familienhelferin Silvia Schäfer vorher angefragt, wann sie ihren nächsten Kontrollbesuch bei den Bürgers hat, und auch, dass Herr Bürger zufällig im Landratsamt Bad Homburg ist, während seine Betreuer über seine Familie beraten, scheint fraglich. Viel mehr drängt sich hier der Verdacht auf, dass er nachdem sein Gespräch mit einer Sachbearbeiterin erfolglos war, von dem Filmteam dazu verleitet wurde, doch einmal bei Herrn Dietermann um Hilfe zu fragen. Seine Hartnäckigkeit bei der Formulierung dieser Bitte, spricht hingegen wieder für eine gewisse Eigeninitiative.

Die Interviews oder die Aufnahmen in denen gesprochen wird, wirken sehr authentisch. Meist werden die Bilder durch kurze Sätze der Betroffenen oder durch die Stimme aus dem Off zusätzlich unterstrichen bzw. ergänzt. Bild und Ton ergeben eine Einheit. Wichtig für die authentische Darstellung ist nicht nur was gesagt wird, sondern wie es gesagt wird. Wenn Michaela Bürger dem Reporter erzählt, dass sie sich nicht am Umbau beteiligen will, weil Kalli, so nennen sie Karl Dietermann, eben mehr Ahnung habe und sie froh darüber ist, unterstreicht sie diese Behauptung mit einem unglaubwürdigen Grinsen. Nun kann es sein, dass dies nur eine unglückliche Geste war, aber für den Zuschauer erhärtet sich der Verdacht, dass die Bürgers die ganzen Bemühungen um sie herum gar nicht richtig ernstnehmen. Oder sie nach dem Motto leben: Fünf Minuten dumm stellen, erspart oft eine Stunde Arbeit. Sie verlieren an Glaubwürdigkeit und damit auch an Mitgefühl. Ebenfalls wird durch diese Szene die stereotype Vorstellung von faulen Hartz IV Empfängern, die lieber auf der Couch sitzen und eine Zigarette rauchen, anstatt selbst aktiv zu werden, unterstützt.

So äußert sich sogar der im Hintergrund neutral berichtende Kommentar plötzlich als Stereotyp vorbelastet, indem er von „Leuten, wie die Bürgers"[182] spricht. In den Zwischenfragen die direkt an Michaela und Martin gerichtet sind, schwingt immer ein leicht abwertender Unterton mit. Der Reporter formuliert seine Fragen extra langsam und möglichst einfach und klar, damit die Bürgers diese gleich beim ersten Versuch verstehen. Und als passender Kontrast zu den gebildeten und engagierten Helfern

---

[182] HAARHAUS, RÜTGER (2007): ARD Exclusiv Die Reportage ``Eine Familie und ihre Helfer vom Amt``. 30 Minuten, DF, ARD, Erstausstrahlung 08.08.2007, 21:45 bis 22:15 Uhr. [Fernsehaufzeichnung]

sind die Bürgers natürlich sprachlich völlig unbeholfen. Frau Bürger versucht leicht verzweifelt das Wort Haushaltsauflösung über die Lippen zu bringen und Herr Bürger spricht so undeutlich, dass sich vermutlich jeder zweite Zuschauer Untertitel herbeiwünscht. Die Kinder kommen kaum zu Wort, auch sie seien sprachlich unterentwickelt, heißt es aus dem Off.

Die Bürgers tragen selbst zu diesem Bild von ihnen bei. Dies bemerkt man spätestens in der Szene, in der Michaela einen Vertrag mit den Worten, „reichen drei Kreuzchen, ja?"[183] unterzeichnet. Die Bürgers werden kaum positiv dargestellt, die Ausschnitte die für die Reportage ausgewählt wurden, sind demnach sehr subjektiv. Es hat doch jeder Mensch gute Seiten. Selbst wenn Frau Bürger sagt, dass ihr die Kinder ja eigentlich sehr wichtig sind und sie froh ist, diese zu haben, wird das sofort mit der Aussage entkräftigt, wenn sie von den Problemen erzählt, die eines der Kinder ihr macht.

Diese Darstellungsweisen führen zu Verallgemeinerungen. Die Bürgers sind die Bösen und die Helfer die Guten. Selbst innerhalb des Films gibt es eine Trennung zwischen gut und böse. Frau Schäfer erzählt, wie die Familie die Welt um sie herum sieht. „Ihre Wohnung ist die Burg und da kommen sie rein. Und gerade die Familie hat sich dort verschanzt, gegen die böse Außenwelt. Das sind alles erst mal Feinde." Später wird Michaela Bürger diese Ansicht bestätigen, indem sie meint, „Da gibs [sic]eine im Sozialamt, die ist so gesehen arbeitsfaul. Also wenn man der was schickt, muss man erst mal fast drei Wochen warten, bis man das Geld kriegt und das kann ja auch irgendwie net [sic] sein."[184] Und im Off-Kommentar wird erwähnt, „die Hilfe vom Jugendamt finden sie gut, die vom Sozialamt weniger."[185].

Die Familie Bürger bleibt mit so einer Meinung sicher vielen in Erinnerung. Die Aussagen der Experten werden dagegen oftmals schnell vergessen. Das liegt daran, dass man zu sachlichen Kommentaren nur schwer eine emotionale Verbindung aufbauen kann. Obwohl gerade durch Kommentare aus dem Off versucht wird jeden Betreuer kurz vorzustellen und in welcher Beziehung dieser zu der Familie steht, dringen ihre Worte nicht durch. Es mag daran liegen, dass die Familie permanent gegenarbeitet. Sie bekommen neue Möbel, aber glücklich sind sie trotzdem nicht.

---

[183] HAARHAUS, RÜTGER (2007): a.a.O.
[184] HAARHAUS, RÜTGER (2007): a.a.O.
[185] HAARHAUS, RÜTGER (2007): a.a.O.

Den Kindern wird geholfen, aber trotzdem macht der Jüngste Probleme, weil er jetzt in die „Klauphase" kommt.

Personen in außergewöhnlichen oder prekären Lebenssituationen interessieren die Menschen. Man will nicht seinen eigenen Alltag sehen, sondern Extremsituationen. Deshalb hält die Kamera drauf, wenn gezeigt wird, wie Daniela hilflos neben der Familienhelferin steht und sich zeigen lässt, wie sie den Kühlschrank sauber zu halten hat, weil sie das ja angeblich nie gezeigt bekommen hat. Da bleibt man als Zuschauer natürlich neugierig dran. Die Anfangsszene mutet erst sehr unglaubwürdig an, aber je tiefer man in das Familienleben hineinblickt, desto realistischer erscheint diese Situation. Am Ende wird ein Teil dieser Szene noch einmal aufgegriffen. Da muss man schon einmal darüber hinwegsehen, dass der Kommentator zwar erwähnt, dass „heute […] Energiesparen auf Frau Schäfers Tagesordnung [steht]", aber es offensichtlich ist, dass dies nur die Fortsetzung der Eingangsszene ist, die für den Zuschauer nicht im „Jetzt" vorliegt, sondern schon ein paar Minuten zurück. Authentisch ist dies nicht mehr, denn die Geschichte über die Familie lief für den Zuschauer fortwährend weiter. Es wurden zeitliche Angaben gemacht, die Kinder um sieben in den Hort gebracht und um 16 Uhr wieder abgeholt. Und dann auf einmal springt man ein paar Tage zurück, aber aus dem Off kommt nicht, „und nun zurück zur Familienhelferin, oder inzwischen widmet sich Frau Schäfer den stromfressenden Kühlschränken".

Die Emotionalisierung wird durch die Nähe, die der Zuschauer zu den Betroffenen hat, erreicht. Er bekommt intimste Einblicke, da geht es um Ehestreit, die Entwicklung der Kinder, die die Eltern ja doch irgendwie zum Lachen bringen und die Liegeprobe auf dem neuen Ehebett. Doch kommt Mitleid auf? Die die sich am wenigsten in dieser Reportage äußern, erhalten sicher die meiste Anteilnahme. Die Kinder Maurice, Miguel und Mike. Im Grunde geht es hier nur um sie, auch wenn sie nicht unmittelbar im Mittelpunkt stehen. Aber schließlich ist es gerade das Jugendamt, das der Familie versucht zu helfen, damit die Kinder ein normales Leben führen können. Im Grunde eine ungewöhnliche Art und Weise sich dem Thema Kinderarmut zu nähern. Trotzdem erfährt man viel über sie. Alle drei sind im Vorschulalter und mussten, bevor die Wohnung durch das Jugendamt saniert wurde, in unglaublichen Verhältnissen leben. „Michaela Bürger hat drei Kinder und die sollen in einer sauberen

Umgebung aufwachsen."[186], heißt es gleich am Anfang aus dem Off. Zum ersten Mal sind sie im Bild während des Einspielers zu sehen, in dem auch der Titel der Reportage genannt wird. Es geht um eine Familie und die gesamte Familie sieht man in dieser Szene. Die Kinder sind körperlich wie auch sprachlich unterentwickelt. Der Älteste erhält deshalb einmal die Woche Hilfe vom Logopäden. Seit die Erzieherin Sandra Breuer die drei Söhne betreut, läuft ihr Tagesablauf strukturierter ab. Morgens um sieben geht es in den Hort und dort bleiben sie bis zum späten Nachmittag. Nur Miguel mache im Moment Probleme, der würde nämlich klauen. Und wie zum Beweis, zeigt die Kamera den Jungen, wie er mit lausbubenhaften Grinsen den Worten seiner Mutter lauscht. So muss auch dem Zuschauer auffallen, dass es da jemand faustdick hinter den Ohren hat. Die kurze Szene am Küchentisch wirkt nicht gestellt, denn viel gibt es für die Kinder nicht zu essen. Die Vermutung liegt nahe, dass es in der Familie überhaupt erst Frühstück gibt, seit das Jugendamt ein Auge auf sie hat und sie die Kinder um sieben zum Hort bringen müssen. Dort lesen, singen und sprechen die drei Jungs, vor allem aber bekommen sie nun genug zu essen. Die Betreuerin Sandra Breuer erzählt, dass sie sich selbst anfangs nicht sicher war, wie sie diese große Verantwortungsaufgabe meistern würden.

Und eins ist klar: Fallen die Eltern irgendwann in ihre alten Gewohnheiten zurück, dann werden ihnen mit Sicherheit die Kinder entzogen. Martin und Michaela Bürger wirken selbst wie kleine Kinder, denen alles erst einmal erklärt und denen man hilfreich unter die Arme greifen muss. Auf sie muss Acht gegeben werden, damit sie nicht wieder in alte Gewohnheiten verfallen. Martin Bürger kann sich sprachlich kaum ausdrücken und Michaela vollführt schon mal seltsame Bewegung in Anwesenheit der Kamera und der Helfer. Wie ein Kind wiegt sie sich hin und her, um ihre Anspannung zu lösen und während die Kinder im Hort sind, spielen die Eltern mit ihren Haustieren. Frau Schäfer meint: „Für mich hat er ganz viel Angst, das ganz alleine […] machen zu müssen. […] Das er das nicht schafft mit den drei Kindern alleine. Und sie […] hat soviel Defizite, dass sie ihrem Mann den Rücken nicht stärken kann."[187]

Nach etwa acht Minuten werden die Kinder das erste Mal genauer vorgestellt. Sie scheinen fröhlich zu sein und toben herum. Die Eltern hingegen sind so früh am

---

[186]   HAARHAUS, RÜTGER (2007): a.a.O.
[187]   HAARHAUS, RÜTGER (2007): a.a.O.

Morgen noch teilnahmslos. Die Kinder freuen sich über die Anwesenheit des Reporters und der Kamera. Endlich scheint jemand da zu sein, der ihnen Aufmerksamkeit schenkt. Maurice und seine Brüder kommen am glaubwürdigsten rüber, weil sie sich so verhalten, wie sie eben sind. Sie müssen sich nicht verstellen. Kinder sind wohl die einzigen Darsteller die frei heraus das aussprechen, was sie gerade denken und ohne Überlegung handeln. Die drei kleinen Bürgers weisen allerdings große Entwicklungsdefizite auf. „Auch im Kinderhaus ist es noch ein weiter Weg für Miguel, Mike und Maurice. Sie müssen noch viel aufholen."[188] Was Erzieherin Sandra Breuer erzählt, klingt erschreckend.

> In der Motorik fehlt vieles [...] grad so der Maurice, da fehlt ja einiges, der wurd [sic] ja immer noch im Kinderwagen geschoben, bis vor drei Wochen war das noch so. [...] Dann war auch noch Thema die Windelgeschichte, [...] die zwei jüngsten hatten noch die Windel an. [...] Für die Kinder war es anfangs ganz neu, dass wir hier alles haben, wir haben Obst- und Gemüseteller [...] wir haben Tee, Milch und Wasser zu trinken [...]. Das sie auch merken, es gibt immer genug zu essen und zu trinken bei uns und sie können sich soviel nehmen wie sie wollen.[189]

Durch viel Übung soll die Schulfähigkeit der Brüder erreicht werden. Wie diese Übung aussieht, wird ebenfalls in der Reportage demonstriert. Spielerisch werden den Jungen Grundkenntnisse beigebracht. Es scheint dennoch ein langer Weg zu sein, bis die Familie komplett ohne Hilfe vom Amt leben kann.

Durch den direkten und ungeschönten Blick ins Privatleben der Bürgers, vielen Nahaufnahmen und der Schilderung der Defizite bis ins Detail wird bewusst emotionalisiert. Ein Bild kann dabei immer noch mehr als tausend Worte sagen und trifft den Zuschauer mitten ins Herz. Es wird aber durchaus darauf geachtet nicht übertrieben zu dramatisieren. Die Reportage kommt ohne viel Rührseligkeit aus. Vorurteile gegenüber Bedürftigen wie die Familie Bürger werden durch die Bearbeitung (Schnitt, Kameraführung,...) unterstützt. Hier verfehlt die Reportage ihr Ziel, den Zuschauer nur zu führen und nicht auf eine bestimmte Seite zu drängen. Die Individuen stehen erfreulicherweise trotzdem im Vordergrund und es wird zumindest versucht, sich mit dem Thema ernsthaft auseinander zusetzen. Ein Anfang ist es, sich mit dem eigenen Nahbereich zu befassen. Das Regionalprogramm widmet sich seiner eigenen Heimat und nimmt ihr den Schleier der Idylle.

---

[188] HAARHAUS, RÜTGER (2007): a.a.O.
[189] HAARHAUS, RÜTGER (2007): a.a.O.

Die Reportage wurde u.a. im Internet kontrovers diskutiert. Drei Forendiskussionen tauchen auf, gibt man den Namen der Sendung plus das Wort Forum bei einer Suchmaschine ein. Wo die einen noch die Hilfe vom Amt als letzte Chance gut heißen, wollen andere am liebsten persönlich bei den Bürgers vorbei fahren und die Kinder herausholen. Dann gibt es noch diejenigen, die das Ganze kritisch beäugen. Sie wissen, dass alles Dargestellte erst einmal nur die subjektive Ansicht des Filmemachers ist.

> Damit haben die Macher wohl alle Stereotypen zusammengekriegt, die es gibt: Langzeitarbeitslose können ihren Haushalt nicht führen, haben viele Kinder, lieben das süße Leben auf dem Sofa, wollen gar nicht arbeiten, sehen verkommen aus […] und sind Stammkunden beim Jugendamt, weil sie ihre Kinder verwahrlosen lassen.[190]

Ein anderer merkt an:

> Achnee? Warum wird es wohl gezeigt? Man will ein Meinungsbild aufbauen bzw. verstärken. […] Oder man will einfach nur einen Bericht über [sic] eine sozial benachteiligte Familie zeigen. Da aber dieser Beitrag nicht in euer Weltbild passt, dichtet ihr den Journalisten Propagandaabsichten an.[191]

Der nächste kann hingegen die Darstellung der Familie Bürger voll und ganz nachvollziehen.

> Ich kenne auch ein paar solcher Familien, die gibt es anscheinend wie Sand am Meer. Was mir aber ein Rätsel ist, warum leben die wie im Schweinestall wenn sie doch ohnehin nix zu tun haben? Ich denke sie sind einfach faul. Man sollte sie wenigstens zwingen die Wohnung in Ordnung zu halten.

Hier sieht man, dass Regionalität zum gezeigten Ereignis ebenfalls eine Rolle spielt. Es kann aber auch passieren, dass Zuschauer aus Bad Homburg, der Stadt in der Familie Bürger lebt, sich weniger angesprochen fühlen und kein großes Mitleid empfinden. Das könnte daran liegen, dass die Reportage ihnen zeigt, dass das Jugendamt augenscheinlich gute Arbeit leistet. Das Amt wird sich sicherlich im gleichen Maße auch um die anderen 20 Familien im Kreis kümmern. Hierbei zu beachten ist, dass es sich nicht nur einfach um eine sozial benachteiligte Familie handelt, sondern dass die Produzenten bewusst einen Extremfall ausgewählt haben. Negativdarstellungen ziehen außerdem immer noch mehr Zuschauer an als positive Beispiele. „Ohja klar.

---

[190]   POLIDIA GMBH (2006): Ein besonders krasser Fall von Agitation gegen Arbeitslose
http://www.politik.de/forum/showthread.php?t=142842
[Datenabruf vom 14.02.2009, um 02:15 Uhr.]
[191]   POLIDIA GMBH (2006): a.a.O.

Und warum zeigt man nicht wie vorhin schon stand, einen Arbeitslosen, der sich bemüht wie blöd und trotzdem sozial benachteiligt ist? Genau, weil die kleinen Schweinchen sowas nicht hören und sehen wollen."[192] Selbst die Spiegel Online Redaktion fühlte sich dazu hingerissen, ein Kommentar zur Sendung zu verfassen. „Eine ARD-Reportage über die Sorgen einer armen Familie zeigt, dass es sich prekär durchaus leben lässt: Es gibt ja Sozialarbeiter."[193] Der Autor Henryk M. Broder fühlt sich zurückerinnert an den Begriff „Unterschichten- Fernsehen", von dem man schon lange nichts mehr gehört hat im deutschen Fernsehen. Und nun zeigt die ARD der „Unterschicht", wie man ohne viel eigene Arbeit aus der Misere wieder herauskommt. Fragt sich nur, ob diese „Unterschicht" diesen Beitrag jemals selbst ansehen wird?

„Gestern nun bescherte uns die ARD in ihrer Reportage-Reihe `Exklusiv` (21.45 Uhr) ein Déjà-vu der prekären Art: eine Dokumentation über eine fünfköpfige Familie aus Bad Homburg, die von sechs Fürsorgern betreut wird."[194]

Doch gerade auf diese Hilfe, gegen die sie sich so lange verwehrt haben, sind sie angewiesen. Die Reportage wird mit einer wunderbaren Szene begonnen, so dass der Zuschauer nur nicht auf die Idee kommt, umzuschalten. „Mutter Michaela lässt sich von der Sozialarbeiterin erklären, wie man den Kühlschrank reinigt: `Niemand hat mir gezeigt, wie das geht.`"[195] Für die Familie hat der Autor kein Mitleid übrig.

> Während die Arbeiter letzte Hand anlegen, schauen Martin und Michaela rauchend und aus sicherer Distanz zu. […] In die Freude über die neue Einrichtung mischen sich auch kritische Töne: `Es hat lange gedauert, bis die Möbel kamen.` Man schaut zu, hört hin und traut seinen Augen und Ohren nicht. Das sollen die neuen Armen sein? Immerhin stehen in der Küche der Familie drei Kühlschränke: einer für Tiefgefrorenes, einer für Wurst und Käse und einer für den Schokoladenvorrat der Kinder.[196]

Gut, dass der Zuschauer dies alles aus einer sicheren Distanz sieht und nicht mehr tun kann, als den Kopf zu schütteln. Weitere Hilfsmaßnahmen oder Zurechtweisungen würden hier nichts bringen. „Die Lage der Familie ist in der Tat prekär, eine Besserung nicht in Sicht. Und so schrecklich schön die Reportage auch ist, die jeden

---

[192]   POLIDIA GMBH (2006): a.a.O.
[193]   BRODER, HENRYK M. (2007): ARD Reportage ``Prekariat? Hier werden Sie geholfen!``. Spiegel Online Kultur. http://www.spiegel.de/kultur/gesellschaft/0,1518,498995,00.html [Datenabruf vom 09.02.2009, um 02:45 Uhr.]
[194]   BRODER, HENRYK M. (2007): ARD Reportage ``Prekariat? Hier werden Sie geholfen!``. Spiegel Online Kultur. http://www.spiegel.de/kultur/gesellschaft/0,1518,498995,00.html [Datenabruf vom 09.02.2009, um 02:45 Uhr.]
[195]   BRODER, HENRYK M. (2007): a.a.O.
[196]   BRODER, HENRYK M. (2007): a.a.O.

arroganten Unterton vermeidet, sie hört an der Wohnungstür von Martin und Michaela auf.“[197] Wenn die Reportage vorbei ist, werden sich auch die Menschen vor dem Fernseher wieder ihrem Alltag zuwenden, denn Verantwortung für den Fall übernimmt das Amt durch staatliche Fürsorge und Maßnahmen. Der Zuschauer guckt hin und sieht doch wieder weg. Ein Gutes hätte das Ganze allerdings doch, meint Henryk M. Broder. „Es sieht nur so aus, als würde ein halbes Dutzend Sozialarbeiter eine Familie betreuen. In Wirklichkeit ist es umgekehrt. Eine Familie sichert die Existenz von einem halben Dutzend Sozialarbeiter.“[198] 66 Seiten lang sind die Reaktionen der Leser auf dieses Resümee. Die meisten stimmen mit der Autorenmeinung überein, sehen keinen Grund, mit „solchen“ Leuten solidarisch zu sein. Andere fragen sich, ob die Leute vom Jugend- und Sozialamt nur so aktiv sind, weil ein Kamerateam anwesend war. Sarkastisch wird angemerkt, dass man doch noch viel bessere Quoten bekommen hätte, wenn man eine Familie aus dem Osten genommen hätte. Prekariat im Westen? Das würde doch das Weltbild einiger Zuschauer zerstören. Wenn schon Stereotype verwendet werden, dann richtig. Vielleicht können die Zuschauer den Eltern keine Sympathiewerte abgewinnen, aber zumindest den Kindern, die hilflos in dieser Situation feststecken, gilt es zu helfen. Und wie das geschieht, zeigt der Film. Da wo die Eltern kaum Fortschritte machen, fangen die Kinder langsam ein neues Leben an. Eine Reportage über soziale Abgründe bleibt dennoch immer nur ein Beispiel von vielen und kann nicht repräsentativ sein. Der Zuschauer muss selbst erkennen, dass 20 Familien, wie die Bürgers in Bad Homburg, nur ein kleiner Prozentsatz des Ganzen sind. Für die Macher der Reportage wäre es sicher ein Leichtes gewesen der Familie Bürger den Stempel „asozial“ aufzudrücken. Der Vater unselbständig und ein ehemaliger Punk, die Mutter überfordert durch Kleinigkeiten, die Kinder zurückgeblieben und alle fristen ein Leben von Hartz- IV. Doch statt die typischen Unterschicht- Klischees aufzuwärmen, wird gezeigt, wie die Familie langsam Fortschritte macht. Außerdem wird ein Jugendamt vorgestellt, das sich engagiert und die Familie nicht auseinanderreißt. Diese Sichtweise der Reportage ist so ganz anders und grenzt sich von den weitverbreiteten Vorwürfen gegen Untätigkeiten in den Ämtern ab.

---

[197] BRODER, HENRYK M. (2007): a.a.O.
[198] BRODER, HENRYK M. (2007): a.a.O.

4.1.2 VOX Spiegel TV Extra: Kaum Geld und trübe Aussichten- Kinderarmut in Deutschland

Titel: Kaum Geld und trübe Aussichten

Untertitel: Kinderarmut in Deutschland

Produktionsnummer: -

Ein Film von: Axel Strehlitz

Mitarbeit: -

Kamera: Ulf Mahn, Gregor Sommer

Schnitt: Anja Schütze

Produktion: Dirk Pommer, Susanne Schaefer

Redaktion: Natascha Adler

Länge: 40 Minuten 30 Sekunden

Sendetermin: 18.12.2007 23:15 – 00:10 Uhr

Einschaltquote: Jahresdurchschnitt 8,1 %

Zuschauer: Jahresdurchschnitt 8,1 % 14-49 Jahre

Zusatz:

Ton: Frank Gautier, Wolfram Witt

Tonmischung: Hans- Joachim Becker

Herstellung: Sabine Mai-von Kamp

Leitung: Cassian von Salomon

Spiegel TV Extra ist ein informatives Reportageformat der *Spiegel TV* Gruppe, zu der u.a. auch *Spiegel TV Magazin*, *Spiegel TV Reportage*, *Spiegel TV Thema*, *Spiegel TV Spezial* und *History* zählen. Das Programmformat wird am Dienstagabend ausgestrahlt und begleitet 40 Minuten lang spannende und häufig aktuelle Ereignisse. An den Reportagen arbeitet der gesamte Reporter- Pool von *Spiegel TV* mit. *Spiegel TV Extra* erreicht im Jahresdurchschnitt einen Marktanteil von 8,1 Prozent in der Zielgruppe von 14 – 49 Jahre.[199]

Der Einstieg der SPIEGEL-Gruppe in den Fernsehmarkt begann 1988. Die Kooperation mit der Development Company for Television Program (dctp) sicherte dem Ver-

---

[199]   vgl. SPIEGELNET GMBH (2007): *Spiegel TV*.
http://www.spiegelgruppe.de/spiegelgruppe/home.nsf/Navigation/3012C9E073823EA8C1256F720034C
B81?OpenDocument [Datenabruf vom 24.02.2009, um 17:45 Uhr.]

lag feste Sendeplätze, auf denen seit 1988 zunächst das SPIEGEL TV MAGAZIN ausgestrahlt wurde. Der Erfolg des Magazins, das den klassischen SPIEGEL-Journalismus fernsehgerecht umsetzt, führte 1990 zur Gründung der SPIEGEL TV GmbH als 100-prozentiges Tochterunternehmen des SPIEGEL-Verlags.[200]

Spiegel TV gründete zwei Tochterunternehmen, die am 1. Januar 2008 ihren Betrieb aufnahmen. Die *Spiegel TV Media GmbH* produziert seither alle Ko- und Auftrags-produktionen von *Spiegel TV*. Die *Spiegel TV Produktion GmbH* übernimmt die technischen Dienstleistungen für *Spiegel TV*, die Tochterunternehmen und Dritte. Die *Spiegel TV infotainment GmbH* produziert u.a. Unterhaltungsformate wie „Johannes B. Kerner" und „Wie schlau ist Deutschland?". Seit 2005 gibt es nun auch den eigenen Abo- Sender *Spiegel TV Digital*, der Dokumentationen zeigt.

Neben den eigenen Sendeformaten erstellt *Spiegel TV* in Zusammenarbeit mit nationalen und internationalen Sendern wie *ZDF*, *NDR*, *BR*, *MDR*, *BBC*, *Discovery Channel*, *Arte* und *National Geographic* vielfältige Auftrags und Koproduktionen. Zusätzlich produziert *Spiegel TV* seit 1994 das Dokumentationsformat *Presse TV* für die Schweiz.[201]

In der zu analysierenden Reportage begleitet das *Spiegel TV Extra* Team Kinder, deren Leben von der Arbeitslosigkeit der Eltern, Perspektivlosigkeit und sozialer Ausgrenzung geprägt sind. Die Familien Brüning- Stenskin, Schiertz, Schmidt und Thiel stehen im Mittelpunkt der Reportage. Des Weiteren kommen der Pastor und Begründer der Arche Bernd Siggelkow, TV Star Verona Pooth, der Mitarbeiter der Kinderinsel Thomas Brueggemann, Christina Arpe von der Kindertafel Neumünster und die Straßenkinder Anne, Steffi, Jenny und Evi von der Schatzkiste zu Wort. Ebenfalls treten vereinzelt Freunde der Familien auf.

Es galt aufzuzeigen wie Kinder in Deutschland leben, deren Eltern mit Hartz- IV auskommen müssen oder aber trotz Arbeit arm sind. Wenn zu Hause das Geld knapp wird, sind sie am Härtesten davon betroffen. Eine warme Mahlzeit am Tag oder gar Schulverpflegung gibt es selten. Es macht hierbei keinen Unterschied, ob das Kind in Ost- oder Westdeutschland aufwächst. Die Produzenten versuchen einen Querschnitt durch die deutsche Hartz- IV Gesellschaft zu ziehen. Der Zuschauer begleitet den

---

[200]   vgl. SPIEGELnet GmbH (2007): *Spiegel TV.*
http://www.spiegelgruppe.de/spiegelgruppe/home.nsf/Navigation/3012C9E073823EA8C1256F720034C
B81?OpenDocument [Datenabruf vom 24.02.2009, um 17:45 Uhr.]
[201]   vgl. SPIEGELnet GmbH (2007): a.a.O.

Reporter auf seiner Reise von Berlin, über Neumünster, bis nach Hamburg. Es ist Weihnachtszeit. Gerade zum Ende des Jahres wird es für die Eltern besonders hart, wenn sie bemerken, dass sie ihren Kindern nichts bieten können. Da wächst schon mal der Unmut über den Staat und man vergisst die eigenen Fehltritte im Leben. Viele haben die Schule abgebrochen, oder sind nie wirklich ins Berufsleben gestartet. Dann kamen die Kinder und die finanziellen Belastungen nahmen weiter zu. Neben den Familien, wird in der Reportage auch hinter die Kulissen des Hilfsprojektes „Die Arche" geschaut. Der Leiter Pastor Bernd Siggelkow stellt sein Konzept vor. Täglich versorgen er und seine Mitarbeiter 40–60 Kinder mit dem Nötigsten. Hierzu zählen Freizeitangebote, Hausaufgabenhilfe und eine warme Mahlzeit. Auch die Kindertafel in Neumünster besuchen schon 25 Kinder pro Tag. Bei einem umfassenden Bericht über Kinderarmut darf ein Exkurs zur Straßenkinderproblematik nicht fehlen.

Interessant bei dieser Reportage ist, dass außergewöhnlich viele Positivbeispiele genannt werden. Es gibt keine Chaosfamilie, die besondere Aufmerksamkeit auf sich ziehen würde. In drei Familien wird sogar nebenbei gearbeitet, dennoch können sie ohne die Hilfe vom Staat nicht überleben. In der sechsköpfigen Patchworkfamilie Brüning- Stenskin leben alle von Hartz- IV. Dennoch geben die Eltern sich nicht auf, beide arbeiten, wenn auch nur ehrenamtlich oder als Aushilfe. So aber bleibt der Tagesablauf der Familie strukturiert. Die Mutter hat kein Verständnis dafür, dass andere in derselben Situation ihre Kinder und sich selbst vernachlässigen. Viel wichtiger ist es, sich nicht selbst aufzugeben und für die Kinder zu kämpfen.

In Neumünster feiert Familie Schiertz den 1. Advent so gut es eben geht. Vor 20 Jahren hatte die Mutter von zwei Kindern ihren letzten richtigen Job. Zurzeit verdient sie sich durch einen Zeitungsjob ein wenig hinzu. Barbara Schiertz erträgt es kaum zu sehen, wie gut andere Menschen leben. Für sie hingegen wird schon ein Arztbesuch zur Kostenfalle.

Zurück bei Familie Brüning- Stenskin aus Berlin Hellersdorf, wo nun auch die Töchter aus den Federn sind. Die Jugendlichen wollen später ein Hartz IV- Leben möglichst umgehen. Träume gibt es genug, nur am Durchhaltevermögen, z. B. was das Lernen in der Schule betrifft, mangelt es.

Nachdem *Spiegel TV Extra* mit persönlichen Schicksalen ins Thema eingeführt hat, wird es nun informativer. Das 1995 vom Pastor Bernd Siggelkow gegründete Hilfsprojekt „Die Arche" wird vorgestellt. Um eine Verbindung für den Zuschauer herzustellen, trifft er dort wieder auf Christiane Brüning. Sie arbeitet hier als Thekenkraft und klagt über die hohen Lebensmittelpreise. Eine gesunde Ernährung der Kinder sei unmöglich. In der Arche bekommen alle eine warme Mahlzeit und das kostenlos. Der Leiter Bernd Siggelkow will den Kindern Werte vermitteln und Erfolgserlebnisse bieten. Er spricht zum ersten Mal davon, dass es nicht nur finanzielle Armut gibt, sondern auch emotionale. Viele Kinder kommen ohne Wissen der Eltern. In der Arche erhalten sie, woran es neben Essen und Geld sonst noch mangelt: Zuwendung, Aufmerksamkeit und Förderung.

Die Zwillinge Jan- Niklas und Lukas, sieben Jahre alt und aus Hamburg- Harburg, finden es gut, dass ihre Mutter wieder arbeitet. Sie wissen Arbeit bedeutet mehr Geld. Doch dem ist noch nicht so, Daniela Schmidt kommt trotz Vollzeitjob nicht über die Runden. Unterstützung erhält sie u.a. von der „Kinderinsel", die ihren Jungs zwei Fahrräder spendet. Hier treffen die Zuschauer auf Thomas Brüggemann, der für die Kinderinsel arbeitet und die Räder gerne an sie weitergibt. Obwohl sich Daniela Schmidt finanziell kaum verbessert hat, ist sie froh über ihren Job, so heißt es aus dem Off.[202] Anfangs ist es daheim vielleicht noch schön, aber dann fällt einem die Decke auf den Kopf und es droht die Vereinsamung und Isolation.

In Neumünster wird sich inzwischen Gedanken über das Weihnachtsfest gemacht. 350 € hat Barbara Schiertz für die Weihnachtszeit angespart, wenigstens jetzt soll es an nichts fehlen. Die Mutter fühlt sich ausgegrenzt und diskriminiert, die Schuldigen hat sie schon gefunden. Vor allem den Ausländern soll es viel zu gut gehen in Deutschland. Diese nehmen den deutschen Bürgern ihre Jobs weg und geben nichts an die Gesellschaft zurück.

Familie Schmidt in Hamburg- Harburg macht sich ebenfalls Gedanken über das Fest. Daniela Schmidt lebt ihren Kindern auf beispielhafte Weise vor, trotz geringer Mittel gut auszukommen. Selbst ein Theaterbesuch ist möglich, ihre Kinder sollen trotz geringer finanzieller Rücklagen am Leben teilhaben. Wenn man selbst nicht aktiv wird, endet man in sozialer Einsamkeit und bleibt gefangen in den eigenen vier Wänden.

Die Reporter entscheiden sich dafür, auch das Thema Straßenkids kurz anzureißen. Die Kommentatorin klärt auf, dass „laut einer Studie von *Terre De Hommes* […] in

---

[202]   STREHLITZ, AXEL (2007): SPIEGEL TV EXTRA. ``*Kaum Geld und trübe Aussichten – Kinderarmut in Deutschland*``. 41 Minuten, DF, VOX, Erstausstrahlung 18.12.2007, 23:15 bis 00:10 Uhr. [Fernsehaufzeichnung]

Deutschland 9000 Kinder und Jugendliche auf der Straße [leben].[203] Der Verlust der Wohnung gehört mit zu den härtesten Auswirkungen von finanzieller bzw. emotionaler Armut. Anne, Steffi und Jenny betteln in Berlin am Bahnhof Zoo, um ihr Überleben zu sichern. Verhungern muss in der Großstadt aber keiner, die Hauptstadt verfügt über ein umfangreiches Netzwerk aus Armenspeisung, Bahnhofsmission und günstigen Übernachtungsmöglichkeiten. Die wichtigsten Wegbegleiter der Mädchen sind ihre Hunde, die ihnen ein wenig emotionale Wärme geben.

Währenddessen schimpft in Berlin Hellersdorf die alleinerziehende Mutter Andrea Thiel auf die Politiker.

> Kinderarmut wird totgeschwiegen, die gibt's in Deutschland nicht. […] Das ist kein Thema für unsere Politiker, die erhöhen nur ihre Diäten […]. Gleichzeitig wird der Strom teurer. […] Es kommen Mieterhöhungen. […] Hallo, wo bleiben wir denn? Dann nehm [sic] ich meine Kinder und geh mit meinen Kinder auf die Straße. Und schlaf mit meinen Kindern unter der Brücke.[204]

Doch der Kommentar aus dem Off gibt Entwarnung, „[…] soweit wird es nicht kommen, das Jobcenter Marzahn- Hellersdorf übernimmt die Kosten für Unterkunft und Heizung. Insgesamt 511 €. Jasmins Zimmer sieht nicht nach Geldnot aus.“[205]

Zurück zur Familie Brüning- Stenskin. Die ältesten Töchter lassen sich in der Kleiderkammer der Arche von Mitarbeiterin Evi neu einkleiden. Die ist der Meinung, dass man Kindern ihre Armut nicht ansehen muss.

Obwohl die Zahl der Hilfesuchenden stetig zunimmt, sollen die letzten Zuwendungen an das Projekt gestrichen werden. Schuld sind die hohen Spendeneinnahmen, zudem stören sich Linkspolitiker an der christlichen Ausrichtung des Projekts. Pastor Bernd Siggelkow rührt kräftig die Werbetrommel. Bald wird es seine Einrichtung viermal in Deutschland geben. Heute ist Verona Pooth zu Gast, um auf das Thema Kinderarmut aufmerksam zu machen. Aus dem Off heißt es „Verona Pooth schätzt die Kameras, Siggelkow den Effekt.“[206]

In Neumünster bringt Barbara Schiertz ihre Tochter zur Tafel, so kann sie ungestört zur Lebensmittelspende. Sie will den Kindern diese Peinlichkeit ersparen, gerne würde auch sie auf diese Hilfe verzichten. Zu Wort kommen dort Hannelore Clausen

---

[203]   STREHLITZ, AXEL (2007): SPIEGEL TV EXTRA. ``Kaum Geld und trübe Aussichten – Kinderarmut in Deutschland``. 41 Minuten, DF, VOX, Erstausstrahlung 18.12.2007, 23:15 bis 00:10 Uhr. [Fernsehaufzeichnung]

[204]   STREHLITZ, AXEL (2007): a.a.O.

[205]   STREHLITZ, AXEL (2007): a.a.O.

[206]   STREHLITZ, AXEL (2007): a.a.O.

und Christina Arpe, ehrenamtliche Mitarbeiterinnen der Tafel. Sie erleben die Not der Familien hautnah. Ihre Aussagen verleihen der Reportage einen authentischen Charakter. Der Zuschauer denkt, wer täglich mit den Menschen zu tun hat, wird schon wissen, was wirklich los ist.

Familie Thiel geht ebenfalls in die Arche zum Essen. An Weihnachten möchten sie am liebsten gar nicht denken. Es fehlen immer noch Geschenke. Doch nicht jede Aktivität geht ins Geld, diesmal macht sich die Familie auf den Weg ins Museum für Vor- und Frühgeschichte. Der Sohn interessiert sich für Archäologie und an bestimmten Tagen kommen Hartz- IV Empfänger kostenlos ins Museum. Florian träumt davon Archäologe zu werden, der Kommentar aus dem Off klingt wenig erfolgsversprechend. „Aktuelle Studien belegen, Kinder aus der Unterschicht haben schlechtere Schulnoten und geringere Zukunftschancen.“[207] Andrea Thiel ist vollkommen perspektivlos, sie kann nur noch hoffen, dass ihre Kinder es einmal besser haben werden. „Hartz- IV- Empfängerin Andrea Thiel hat schon lange aufgehört, an die eigene Zukunft zu glauben.“[208] In einem anderen Interview für die Zeitung *DIE WELT* fügt sie außerdem hinzu, „Sie [die Tochter; Anm. d. Verf.] kann Modell werden oder heiraten.“[209] Beim Sohn wird es schwieriger, er benötigt das Abitur. Die Mutter befürchtet, auch hier könnte ihre Armut eine entscheidende Rolle spielen, denn sie glaubt „Kinder von Reichen, die werden durchgemogelt, die kommen immer zu ihrem Studium.“[210]

Vorurteile und Wunschdenken lassen sich nicht so einfach aus der Welt schaffen.

Am Ende bleibt die effektivste Hilfe gegen Kinderarmut und Benachteiligung, die Elternarbeit. Abgeschlossen wird die Sendung mit einem erneuten Besuch der Familie Brüning- Stenskin. Die Töchter führen mit einer Freundin ihre Hunde aus. Der Wunschzettel zu Weihnachten ist Thema Nr. 1. Sie alle werden bald ins Erwachsenenleben starten, dass heißt sie müssen Arbeit finden. Noch sind sie zuversichtlich dem Teufelskreis der Armut zu entkommen. Doch es wird sich Gedanken darüber gemacht, ob es sich wirklich lohnt, für 50 oder 100 Euro mehr arbeiten zu gehen. Mit

---

[207]   STREHLITZ, AXEL (2007): a.a.O.

[208]   HOLLSTEIN, MIRIAM (2007): Armut – Wie Kinder in Deutschland von Hartz IV leben.
http://www.welt.de/politik/article1196405/Wie_Kinder_in_Deutschland_mit_Hartz_IV_leben.html
[Datenabruf vom 16.11.2008, um 01:13 Uhr.]

[209]   HOLLSTEIN, MIRIAM (2007): a.a.O.

[210]   HOLLSTEIN, MIRIAM (2007): a.a.O.

nachdenklichen Worten endet die Reportage. „Um Armut in Deutschland nachhaltig zu bekämpfen, bedarf es nicht nur finanzieller Mittel."[211]

Spiegel TV Extra verschafft dem Zuschauer viele Einblicke in ein Leben ohne viel Geld. Gerade die Anzahl der Fallbeispiele erhöhen den Authentizitätscharakter der Reportage. Der Zuschauer denkt sich, wenn es so viele Familien gibt, die auf Hilfe angewiesen sind, sich Promis engagieren und Helfer immer wieder von den gleichen Problemen sprechen, dann wird das schon stimmen. Kinder und Jugendliche werden als gleichberechtigte Interviewpartner neben den Erwachsenen gesehen. Sie erzählen von ihren Ängsten, Sorgen, Wünschen und berichten über ihre momentanen Lebensumstände. Deutlich wird, ein Leben mit Hartz IV schränkt ein. Aber der Film zeigt auch, dass es immer noch schlimmer kommen kann. Dies zeigt die Geschichte der drei Straßenkinder. Dagegen wirken die Probleme der Familie Schiertz und Thiel noch erträglich. Während Mutter Thiel über die Regierung schimpft, sitzt Tochter Yasmin gleichgültig daneben und spielt mit ihrem neuen Handy. Anne, Steffi und Jenny zeigen dagegen schon Dankbarkeit, wenn ihre Hunde eine Extra Wurst von der Bahnhofsmission erhalten. „Subjektive Zufriedenheit und objektive Notlage klaffen oft auseinander; vergleichsweise gut Versorgte fühlen sich als Absteiger und Verlierer, echte soziale Härtefälle unterschätzen ihre Not."[212]

Eine hohe Authentizität erreicht die Reportage durch die Nennung vieler Fakten. So klärt uns der Kommentar aus dem Off u.a. darüber auf, dass

> Kinderarmut […] überwiegend ein Großstadtphänomen [ist], offiziell gilt als arm, wer weniger als 60 % des Durchschnittseinkommens hat, 938 €. Kinder aus armen Familien werden häufiger krank und zeigen oft Auffälligkeiten im Spiel- und Sprachverhalten, am häufigsten sind Kinder Alleinerziehender und Arbeitsloser betroffen. Erstaunlich und paradox: Kinder in berufstätigen Familien empfinden meist mehr Zuwendung, als Kinder in arbeitslosen Haushalten.[213]

Die genaue Nennung von Zahlen lässt den Zuschauer darauf schließen, dass geprüfte Untersuchungen zum Thema stattgefunden haben müssen. Zu jeder Familie erfährt man, wie viel Geld sie bekommen und was ihnen davon zum Leben bleibt. So kann

[211] Strehlitz, Axel (2007): SPIEGEL TV EXTRA. ``*Kaum Geld und trübe Aussichten – Kinderarmut in Deutschland*``. 41 Minuten, DF, VOX, Erstausstrahlung 18.12.2007, 23:15 bis 00:10 Uhr. [Fernsehaufzeichnung]

[212] NIEJAHR, ELISABETH (2001): ``Kinderarmut – Die große Not der Kleinen``. http://www.zeit.de/2001/51/200151_kinderarmut.xml [Datenabruf vom 16.11.2008, um 01:31 Uhr.]

[213] Strehlitz, Axel (2007): SPIEGEL TV EXTRA. ``*Kaum Geld und trübe Aussichten – Kinderarmut in Deutschland*``. 41 Minuten, DF, VOX, Erstausstrahlung 18.12.2007, 23:15 bis 00:10 Uhr. [Fernsehaufzeichnung]

jeder Zuschauer selbst überlegen, ob er mit dem Betrag leben könnte oder die Familie berechtigt protestiert.

Kommentare von Promis wie Verona Pooth, die bei den Zuschauern bekannt sind, fördern ebenfalls den Wahrheitsgehalt einer Aussage. Expertenaussagen gehen dagegen häufig beim Publikum unter. Deshalb erweist es sich als sinnvoll, Verona Pooth und nicht beispielsweise Familienministerin Ursula von der Leyen einzuladen. Zudem kann man sich vorstellen, dass auch Verona Pooth sich in die Situation hineinversetzen und echte Anteilnahme zeigen kann. Sie ist selbst Mutter, hatte in ihrer Kindheit nicht die besten Bildungschancen und musste zumindest phasenweise mit weniger Geld auskommen, als ihr jetzt zur Verfügung steht. Mit so jemandem, einer Figur aus dem Volk, fällt die Identifikation leicht.

Auf den ersten Blick macht auch die Wohngegend in der Familie Thiel lebt keinen heruntergekommenen Eindruck. Der Stadtteil Berlin- Hellersdorf wurde von der Zeitung ZEIT schon als „blühende Landschaft"[214] betitelt.

> Nur aus einem einzigen Grund ist das nicht richtig: Weil nirgendwo in Berlin so viele Kinder zu einem durchschnittlichen Haushalt gehören, verteilen sich die Einkommen auf viele Köpfe. […] Jeder dritte Hellersdorfer ist jünger als achtzehn. Kaum irgendwo in Deutschland gibt es einen so hohen Kinderanteil wie in der erst 1986 entstandenen Siedlung.[215]

In der Wohnung selbst scheint dennoch genug Geld für ein paar Haustiere und viel Spielzeug vorhanden zu sein. Andrea Thiel ist den ganzen Tag daheim, schafft es aber nicht ihre Kinder nach der Schule mit einem Essen zu empfangen. Zumindest kommt dies so beim Zuschauer an, wenn Sohn Florian hungrig fragt und folgende Antwort erhält: „Du hast Hunger? Du weißt wo die Küche ist?"[216]. Eine Sympathie aufzubauen zu jemandem, dem scheinbar jegliche Motivation fehlt, fällt schwer. Ähnlich wird es Familie Schiertz ergehen, auf deren Frühstückstisch neben Lätta die Nutella natürlich nicht fehlen darf. Dann aber zu behaupten, dass die Milch fast drei Monate alt ist und nur einmal die Woche geöffnet wird, lässt den Zuschauer höchstens schmunzeln. Genug Geld für die Haustiere scheint es dagegen auch hier zu ge-

---

[214]   NIEJAHR, ELISABETH (2001): ``Kinderarmut – Die große Not der Kleinen``.
http://www.zeit.de/2001/51/200151_kinderarmut.xml
[Datenabruf vom 16.11.2008, um 01:31 Uhr.]
[215]   NIEJAHR, ELISABETH (2001): a.a.O.
[216]   STREHLITZ, AXEL (2007): SPIEGEL TV EXTRA. ``*Kaum Geld und trübe Aussichten – Kinderarmut in Deutschland*``. 41 Minuten, DF, VOX, Erstausstrahlung 18.12.2007, 23:15 bis 00:10 Uhr. [Fernsehaufzeichnung]

ben. Die Kinder der Familie Schiertz sagen von sich aus, dass sie selbst keine Armut empfinden. Für teure Wünsche müsse man eben sparen, so wie andere Kinder auch. Nur Frau Schiertz hält dagegen, dass das früher ja nicht so gewesen sei und sie doch bei der Wahrheit bleiben sollen. Ein 125 € Geschenk zu Weihnachten ist laut der Mutter aber auch dieses Jahr wieder drin.

Kein Einzelfall, die Tochter der engagierten Familie Brüning- Stenskin hätte zu Weihnachten am liebsten ein aktuelleres Handy, obwohl sie gerade ein neues Telefon bekommen hat und ihr Wunsch deshalb nicht in Erfüllung gehen wird. In der Satire „Kinder in Deutschland – Zu arm und zu blöd?" erschienen bei der Onlineredaktion der Zeitung *DIE WELT* hieß es hierzu:

> ``Was ist das für ein Gefühl, arm zu sein in einer Gesellschaft von Rei- chen?`` wollen wir [die Reporter; Anm. d. Verf.] wissen. Jaqueline schaut uns an, als hätten wir sie gefragt, ob sie noch mit Barbies spielt. ``Ich bin doch gar nicht arm``, sagt sie dann und lässt einen Kreditkar- tenleporello vor uns niedergehen, ``erst mal ein neues Handy. Wer hat schon noch Strass?``.[217]

Sicherlich überspitzt, aber doch mit mehreren Fünkchen Wahrheit versehen.

Ein weiteres filmisches Beispiel zeigt, wo das *Spiegel TV EXTRA* Team es mit der Wahrheit nicht so genau genommen hat.

Die Besuche in der Wohnung von Familie Brüning- Stenskin werden zweimal mit dem gleichen Bild eingeleitet. Die Kamera zeigt den Parkplatz vor dem Mehrfamili- enhaus, es ist nachts, der Mond scheint und ein Schwenk der Kamera nach oben zeigt, dass nur bei der Familie im 3. Stock Licht brennt. Diesem Bild wird nun jedes Mal ein anderer Text aus dem Off zugefügt. Heißt es am Anfang noch: „Berlin- Hel- lersdorf morgens um halb sieben, eine klassische Plattenbausiedlung im Berliner Osten.", wird beim nächsten Mal folgender Text aus dem Off gesprochen: „Die ef- fektivste Hilfe gegen Kinderarmut ist Elternarbeit. Doch dazu sind Jobs und Motiva- tion nötig. Abendbrotzeit bei Familie Brüning- Stenskin.". Welche Aussage nun eher der Wahrheit entspricht, ist schnell ausgemacht, denn am Ende des Films gehen die Mädchen mit ihrem Hunden Gassi, dafür treten sie aus der Haustür. Umgebung und Zeit passen zum vorangegangen Bild. So wurde also durch Schnitt, das Bild vom Ende, einfach an den Anfang der Reportage gesetzt und ein neuer Text hinzugefügt.

---

[217]   WIRAG, LINO (2008): ``Kinder in Deutschland – zu arm und zu blöd?`` - Reportage.
http://www.welt.de/satire/article1647898/Kinder_in_Deutschland_zu_arm_und_zu_bloed.html
[Datenabruf vom 16.11.2008, um 01:42 Uhr.]

Weitere visuelle Merkmale sind, dass nur bei den Mitarbeitern der Hilfseinrichtungen Inserts verwendet werden, um sie mit Namen und Tätigkeit vorzustellen. Die Betroffenen dagegen und Verona Pooth werden nur über das Off- Kommentar vorgestellt und benannt. Der Kommentar begleitet die Bilder und ist auf diese abgestimmt, zusätzlich werden Hintergrundinformationen und Fakten genannt. Zwischenfragen des Reporters kommen hingegen kaum vor.

Am Anfang der Reportage wird der typische Einspieler der *Spiegel TV EXTRA* Reihe gezeigt, erst dann wird mit dem ersten Bild, der Titel und Untertitel der aktuellen Sendung eingeschoben. Es folgt der Zusatz von wem der Film ist und mit der ersten filmischen Aufnahme setzt der Kommentar ein. Musikalische Unterlegungen sind rein instrumental und werden möglichst unaufdringlich im Hintergrund eingespielt. Auffallend ist: Wechselt die Familie, wechselt auch die Musik. Wird innerhalb der Reportage wieder auf eine Familie zurückgegriffen, die schon einmal vorgestellt wurde, wird wieder die für sie typische Musik eingespielt. Das unterstützt den Wiedererkennungswert. Der Zuschauer sieht und hört gleichzeitig, jetzt wird der Ort gewechselt und eine neue Szenerie eingeleitet. Im Abspann wird das *Spiegel TV EXTRA* Thema erneut aufgegriffen und die typische Titelmelodie wie am Anfang abgespielt.

Drehorte sind die Wohnungen der Familien, diverse Einrichtungen der Arche, die Kinderinsel, ein Kindertheater, das Museum für Vor- und Frühgeschichte, der Weihnachtsmarkt in Neumünster, Einrichtungen der Tafel oder einfach die Straßen Berlins, hier vor allem Hellersdorf und Bereiche rund um den Kurfürstendamm.

Die Verlegung der Dreharbeiten in die Weihnachtszeit ist für die Emotionalisierung von Vorteil. Gerade dann sind die Leute besonders zugänglich für soziale Themen. Die Nahaufnahmen der Kinder in der Arche, große Augen und fröhliche Gesichter hervorgerufen durch ein wenig Zuwendung, bleiben dem Zuschauer im Gedächtnis. Und so werden sich wohl auch einige fragen, was aus den drei Mädchen vom Bahnhof Zoo geworden ist, die im letzten Bild so schnell im Berliner Untergrund verschwinden, wie sie aufgetaucht sind.

Die Reportage versucht Lösungsansätze für die Problematik Kinderarmut in Deutschland zu geben. Doch schon der Titel verrät, dass die Aussichten dafür nicht gut stehen. Da kann Pastor Bernd Siggelkow noch so sehr an die Regierung appellieren. Hängen bleibt, dass zur Bekämpfung von Armut finanzielle Mittel allein nicht ausreichen werden. Wenn Vierjährige als Berufswunsch „Sozialhilfeempfänger" angeben, ist die Angst vor der Entwicklung regelrechter *Hartz- IV-* Dynastien durchaus berechtigt. Das Hauptproblem ist nicht die materielle, sondern die soziale Armut. Wolfgang Büscher, Sprecher der „Arche" meint, dass die gesellschaftliche Diskussion oft am Kern des Problems vorbeigehe. Nur das Kindergeld zu erhöhen, wäre der falsche Weg, denn „viele unserer Familien geben das Geld einfach falsch aus."[218] Da wird schon mal in einen neuen Flachbildfernseher investiert, anstatt sich vernünftige Wintersachen zu kaufen. Sinnvoll wäre es, Leistungen auszubauen und das Geld direkt den Kindern zugute kommen zu lassen. Dies könnte durch kostenlose Schulspeisung oder aber Gutscheine für Nachhilfestunden geschehen. „Die Kleine[n] brauch[en] jemand[en], der warmes Essen kocht, die Hausaufgaben anschaut oder eine Gute- Nacht- Geschichte vorliest."[219]

Das Nichtvorhandensein emotionaler Wärme wurde meines Erachtens in dieser Reportage sehr gut dargestellt. Vorrangig ging es natürlich um das Leben ohne viel Geld, aber es drang auch durch, dass Armut nicht gleich Aufgabe heißen muss.

Die Zuschauer der Sendung erhielten Einblick in die unterschiedlichsten Haushalte, deren Mitglieder mehr oder weniger Sympathie hervorrufen konnten. Durch die Befragung von Betroffenen, sowie von Helfern und der Nennung zahlreicher Fakten entstand für den Rezipienten ein umfassender Bericht zum Thema Kinderarmut in Deutschland.

Bleibt nur zu hoffen, dass diese Informationen eine Weile im Gedächtnis hängen bleiben, auch nachdem der Fernseher ausgeschaltet ist.

Im Internet fanden sich leider keine Zuschauerrezensionen oder Diskussionen zur Sendung. Was aber nichts heißen muss, denn eine kontroverse Reportage, die Menschen vorführt, wird wesentlich häufiger im *World Wide Web* zerrissen, als gute Reportagen gelobt werden.

---

[218] HOLLSTEIN, MIRIAM (2007): Armut – Wie Kinder in Deutschland von Hartz IV leben.
http://www.welt.de/politik/article1196405/Wie_Kinder_in_Deutschland_mit_Hartz_IV_leben.html
[Datenabruf vom 16.11.2008, um 01:13 Uhr.]
[219] NIEJAHR, ELISABETH (2001): ``Kinderarmut – Die große Not der Kleinen``.
http://www.zeit.de/2001/51/200151_kinderarmut.xml
[Datenabruf vom 16.11.2008, um 01:31 Uhr.]

4.1.3 Pro7 We are family! – So lebt Deutschland: Heute fange ich mein neues Leben an!

Titel: We are family! So lebt Deutschland

Untertitel: Heute fange ich mein neues Leben an.

Produktionsnummer: -

Ein Film von: Nicole Walper

Mitarbeit: -

Kamera: Simon Thull

Schnitt: Benny Theisen

Produktion: south&browse GmbH

Redaktion: Heiko Knauthe

Länge: 46 Minuten

Sendetermin: 28.06.2007 13 Uhr

Einschaltquote: 17,7 %

Zuschauer: 17,7 % in der Zielgruppe (14- 49 Jahre)

Zusatz:

Wiederholung: 11.08.2008 mit einer Quote von 11,1%[220]

„Großstadt, Vorort oder Dorfidylle - Norden, Süden, Osten oder Westen? Wo und wie lebt es sich hierzulande am Besten? *We are Family! So lebt Deutschland.* begibt sich auf die Spuren deutschen Familienglücks."[221] So wirbt der Sender ProSieben auf seiner offiziellen Internetseite für die Sendereihe. In den einzelnen Folgen blickt die *Doku-Soap* hinter die Kulissen deutscher Haushalte. Da ist alles dabei: das junge, stolze Pärchen mit Baby, die Großfamilie und die Patchwork-Familie. Der Zuschauer begleitet sie in ihrem Alltag „zwischen Windelnwechseln, Haushalt organisieren, Partnerschaft, Fernsehabenden und Beruf - nicht nur werktags, sondern auch am Wochenende und in den Ferien. Welche finanziellen Hürden sind zu nehmen? Wie funktionieren Fernbeziehungen mit Kindern? Wie lebt es sich mit Sprössling und Großeltern unter einem Dach? Und was steht bei den einzelnen Fällen für wirkliches Glück

---

[220] SOUTH & BROWSE GMBH (2007): Produktionsfirma u.a. für das Format We are family
http://www.south-and-browse.com/content/start.php
[Datenabruf vom 24.02.2009, um 15:42 Uhr.]
[221] PROSIEBEN (2009): ``We are family! So lebt Deutschland``.
http://www.prosieben.de/lifestyle_magazine/vips/waf/artikel/40189/
[Datenabruf vom 24.02.2009, um 17:08 Uhr.]

- abseits von Geld und Karriere?"[222] Der Sender ProSieben begibt sich in seinem Nachmittagsmagazin auf die Suche nach den Antworten. Die Real Life Dokumentation ist das erfolgreichste Nachmittags-Programm im deutschen Fernsehen. 2007 wurde *We are Family* für den renommierten *Adolf Grimme Preis* in der Kategorie *Unterhaltung* nominiert.

Das Magazinformat konzentriert sich in der ausgesuchten Folge ebenfalls nur auf das Leben einer einzigen Familie. Hat demnach schon mal eine Gemeinsamkeit mit der *ARD* Reportage. *We are family* verschafft den Zuschauern ein Wiedersehen mit Familie Thiel aus der *Spiegel TV EXTRA* Reportage. Andrea Thiel lebt mit ihren Zwillingen Yasmin und Florian von Hartz- IV. „Alleinerziehend, übergewichtig und seit 17 Jahren arbeitslos führt die Familie ein Leben an der Armutsgrenze."[223] Die 46-Jährige kann ihren Kindern selten Wünsche erfüllen. Um der bedrückenden Situation endlich zu entkommen, entschließt sie sich auf Arbeitsuche zu gehen. Doch der Weg zum Vorbild für die eigenen Kinder ist beschwerlich und lang. *We are family* begleitet die Familie in ihrem Alltag und zeigt die Bemühungen der Mutter, dem Hartz-IV- Status zu entkommen.

Familie Thiel lebt immer noch in Hellersdorf in ihrer kleinen Wohnung. Interessant ist, das die Sendung im Sommer 2007 aufgenommen wurde, die von *Spiegel TV Extra* zum Ende des Jahres. Wo *Spiegel TV Extra* von 910 € zum Leben spricht, sind es bei *PRO7* 200 €, selbst wenn man diese Zahl mal drei nimmt, kommt man nur auf 600 €. Das dürfte einen aufmerksamen Zuschauer durchaus verwundern, aber wer merkt sich schon, was über die Familie an anderen Stellen berichtet wurde. Der Kommentar aus dem Off lautete in der *VOX* Reportage: „Jasmins Zimmer sieht nicht nach Geldnot aus."[224]. Natürlich ist diese Bemerkung rein subjektiv, dennoch sprachen die Bilder für sich. Das tun sie auch diesmal, Spielzeug gibt es genug, hinzu kommen Hund und diverse Kanarienvögel. Am Essen soll es wohl mangeln.

In der *We are family* Folge geht es darum, dass die Familie in ein neues Leben starten will, hierzu benötigt Andrea Thiel dringend einen neuen Job. Die Kamera wird ihr von nun an nicht mehr von der Seite weichen. Der Zuschauer will schließlich

---

[222] PROSIEBEN (2009): ``We are family! So lebt Deutschland``. a.a.O.

[223] MAXDOME (2009): We are family! Staffel 4 Folge 103
http://www.maxdome.de/tv_highlights/doku_magazin/waf/video/08957/ [Datenabruf vom 24.02.2009, um 18:06 Uhr.]

[224] STREHLITZ, AXEL (2007): SPIEGEL TV EXTRA. ``*Kaum Geld und trübe Aussichten – Kinderarmut in Deutschland*``. 41 Minuten, DF, VOX, Erstausstrahlung 18.12.2007, 23:15 bis 00:10 Uhr. [Fernsehaufzeichnung]

überall live dabei sein. Vom schlechten Gewissen den Kindern nichts bieten zu können, über den Streit mit dem Ex- Mann, einem Bewerbungstraining mit passendem Styling, bis hin zu den ersten Vorstellungsgesprächen und der so herbeigesehnten Zusage am Ende. 17 Jahre Arbeitslosigkeit sind mit einem Schlag vorbei und den Kindern kann sie nun den ersten langersehnten Wunsch erfüllen. Es geht in den Berliner Zoo, die 56 € kann sie nun mit ihrem neuen Halbtagsjob bezahlen.

Dennoch muss ProSieben am Ende einlenken, denn die Familie wird trotz Job auch weiterhin auf staatliche Unterstützung angewiesen sein. Andrea Thiel kann sich zumindest nun berufstätige Mutter nennen und sich vom Klischee der arbeitslosen Alleinerziehenden befreien.

Die Produzenten der Sendung wollen zeigen, wie eine Familie von Hartz- IV lebt und wie schwer es ist dieses Leben zu ändern.

Visuelle Gestaltungsmittel die genutzt werden, sind neben vielen Interviews und Inserts auch Rückblenden, die nach den Werbepausen eingesetzt werden, um nochmals zusammenzufassen oder den Einstieg zu erleichtern, falls man erst jetzt eingeschaltet hat. Letztere klären den Zuschauer immer wieder darüber auf, wer denn da gerade zu ihm spricht. Bei Andrea Thiel wechseln die Beschreibungen des Öfteren, so ist sie u.a. Hartz- IV Empfängerin, seit 17 Jahren arbeitslos oder alleinerziehende Mutter. Die Einblendungen geben aber nicht nur Informationen zu den Protagonisten, sondern beziehen den Zuschauer interaktiv mit ein. So wird zweimal angeboten unter einer angegebenen Internetadresse „Freunde in deiner Stadt" zu finden und einmal passend zum Besuch Andrea Thiels bei ihrem Bewerbungscoach, Bewerbungshilfe im Teletext beworben. Der Zuschauer kann über diese Zusatzinformationen entweder hinwegsehen oder sie nutzen. Es handelt sich hierbei um personalisierte Werbung, wie sie häufig auf Internetseiten eingesetzt wird. Es wird nur das angepriesen, was mit der Sendung in irgendeiner Art und Weise zusammenhängt oder von dem man ausgeht, dass es die Zielgruppe vorm Fernseher neugierig macht.

Ebenfalls versucht die Kamera durch Nahaufnahmen, die katastrophalen Bewerbungsunterlagen von Andrea Thiel zu dokumentieren. Dies geschieht aber nur für den Bruchteil einer Sekunde, so dass der Zuschauer sich kaum ein eigenes Bild machen kann. Erst wenn die Aufnahme manuell gestoppt wird, wird ersichtlich, dass Andrea Thiel wirklich starke Defizite aufweist. Zumindest aber wurde nicht vergessen, die Anschrift unkenntlich zu machen, was ebenfalls die Authentizität der Formulare steigern soll.

Doch zurück zu den Interviews. Vor allem die Kinder kommen hier immer wieder zu Wort. Sie schildern ihre momentane Situation und ihre Wünsche. Des Weiteren äußern sich Bewerbungscoach Erkan Yilmaz, der Ex Ehemann Peter Thiel und potenzielle Arbeitgeber zu den Chancen von Andrea Thiel auf dem Arbeitsmarkt. Die Interviews wurden größtenteils in den eigenen vier Wänden der Familie Thiel gedreht. Weitere Drehorte sind der Speisesaal der Arche, die auch hier wieder kurz vorgestellt wird, die Läden in denen sich Andrea Thiel bewirbt, der Friseursalon, sowie ein Bekleidungshaus, die Straßen Berlins und die Wohnung des Bewerbungscoachs.

Erwähnenswert in der auditiven Gestaltung sind die Kommentare aus dem Off und die musikalischen Untermalungen. Im Off werden kurz die nötigsten Informationen sehr oberflächlich wiedergegeben. Text und Bild sind aber aufeinander abgestimmt. Dass nicht viel Zeit blieb, die Off- Kommentare zu erarbeiten, erkennt man daran, dass diese sich ständig wiederholen. Die durchaus sympathische Sprecherin erzählt z. Bsp. annähernd sieben Mal, dass Andrea Thiel seit nun 17 Jahren arbeitslos ist. Das kann einem anspruchsvollen Publikum schnell zu viel werden. Für die, die sich gern durch das Programm *zappen*, ist diese Vorgehensweise eher ein Vorteil, denn Wichtiges verpasst man hier nicht und der Einstieg fällt zu jedem Zeitpunkt leicht. Die Textqualität lässt insgesamt zu Wünschen übrig. Seltsam ist auch, dass die Sprecherin fortwährend von 17 Jahren Arbeitslosigkeit redet, Andrea Thiel aber gegenüber ihrem Coach behauptet 20 Jahre aus dem Geschäft zu sein.

Die Sendereihe hat ein für sich typisches Logo und einen Einspieler mit der passenden Musik von *Sister Sledge* und ihrem Song *We are family*. Das Logo ist die ganze Sendung über auf dem Bildschirm unten links zu sehen. Den Einspieler findet man am Anfang, dann kommt eine kurze Vorschau, eine Art Trailer, der den Zuschauern zeigt, was sie zu erwarten haben und dann noch einmal der Einspieler. Hierbei scheint es nicht verwunderlich, dass ProSieben den peinlichsten Moment der Mutter in der Sendung an den Anfang stellt.

Zweimal wird die Sendung durch Werbung unterbrochen. Vor den Werbeblöcken wird darauf aufmerksam gemacht, was nach der Pause geschehen wird. Vor allem wird versucht, den Zuschauer bei Laune zu halten. Immer mit dem Zusatz „Jetzt bei *We are family*", dann folgen rhetorische Fragen oder aber der Zuschauer wird auf eine falsche Fährte gelockt. „Flop statt Job. Das erste Vorstellungsgespräch nach 17 Jahren." Hierauf folgen Interviewausschnitte. Die Sätze „Es tut mir sehr leid." und „Es ist ein herber Rückschlag." werden ohne wirklichen Bezug einfach dem Zuschauer entgegen geworfen. Dieser will natürlich wissen, warum Andrea Thiel wieder scheitert. Dass das Ganze doch noch ein Gutes Ende haben wird, darf natürlich noch nicht verraten werden.

Im Gegensatz zu den anderen zwei Reportagen wird hier mit viel Musik gearbeitet. Sie passt melodisch zu Handlung und Stimmung, manchmal ist sogar der Text auf das Ereignis auf dem Bildschirm abgestimmt. So hört man einen Song über Schmerz und Heilung, während Andrea Thiel über ihre scheinbar ausweglose Situation berichtet. „And it hurts to feel an it hurts to heel."[225] Der Zuschauer sieht die Kinder allein in ihren Zimmern und Andrea Thiel vor Verzweiflung weinend im Wohnzimmer. Während die Mutter verschönert wird, hört man hingegen fröhliche, positive Klänge. So wird die Veränderung noch einmal unterstrichen. Nach ihrer ersten Jobabsage wird *Nothing else matters* von *Metallica* eingespielt, als wolle man sagen, dass es zwar traurig ist, dass es diesmal nicht geklappt hat, aber es sicher noch andere Gelegenheiten geben wird, sich zu beweisen. Und so ist es auch, am Ende kommt Andrea freudestrahlend aus einem anderen Laden mit dem Arbeitsvertrag in der Tasche. Das Lied *Shiny happy people* von *R.E.M.* begleitet sie passenderweise.

Kommen wir nun zu der Frage, ob die Geschichte über Familie Thiel authentisch genug rüberkommt. Bei der Analyse fallen einige Ungenauigkeiten ins Auge. So meint Andrea Thiel sie wisse nicht, wie man Bewerbungen richtig schreibt. Schon gar nicht, dass man diese in der heutigen Zeit mit dem Computer erstellt. Erst ihr Sohn hätte sie darüber aufgeklärt, dass handschriftlich „out" ist. Für den Zuschauer eher unglaubwürdig, steht in der Wohnung doch ein Computer. Der Sohn hat angeblich die Idee einen Bewerbungscoach zu engagieren und übernimmt großzügig die Kosten. Wenig später heißt es aber im Off, dass diese Kosten, immerhin 45 Euro, vom Arbeitsamt übernommen werden. Davon sollen Frau Thiel und ihr Sohn noch nie etwas gehört haben? Es kommt der Verdacht auf, dass die Produzenten ihm den Tipp mit dem Coach gegeben haben, so hat die Sendung gleich noch eine Figur mehr, die mit ihrem Fachwissen Authentizität schafft und der Mutter wird professio-

---

[225]   WALPER, NICOLE (2007): We are family – So lebt Deutschland. ``*Heute fange ich mein neues Leben an*``. 46 Minuten, DF, Pro7, Erstausstrahlung 28.06.2007, 13:00 bis 14:00 Uhr. [abrufbar unter www.maxdome.de]

nell geholfen. Überhaupt ist der Sohn sehr engagiert, wenn es um die Arbeitspläne seiner Mutter geht, würde er doch soviel Energie in sein eigenes Leben stecken, denn auch er lebt von Hartz- IV.

Stattdessen spendet er seiner Mutter 300 Euro für Friseur, Kosmetikerin und neue Kleidung. Das Geld wird eifrig bis auf den letzten Cent investiert. Sicher hätte sie auch die angeblich 56 Euro Eintritt für den Zoo davon zurücklegen können. Angeblich 56 Euro, weil schon ein kurzer Blick auf die Homepage des Zoos verrät, dass ein Familienticket nur 30 Euro kostet und Schüler, sowie ALG II Empfänger nur neun Euro statt 18 Euro zahlen müssen. Lässt man den Besuch des Aquariums weg, denn den Kindern geht es vor allem um das Eisbärbaby Knut, sind es nur noch sechs Euro pro Person. Aber was man hat, das kann man auch ausgeben, scheint die Devise. Dass vorher das Geld nicht einmal fürs Essen reichte, scheint vergessen. Andrea Thiel kann man schon lange nicht mehr ernst nehmen. Ihre Dankesrede an den Sohn geht vollkommen unter. Unverständlich ist auch, warum eine Familie die am Existenzminimum lebt, mehrere Vögel und einen Hund als Haustier haben muss. Was erhalten die Tiere zu essen, wenn die Familie angeblich Hunger leidet? Trotzdem kann man es ihr anrechnen, dass sie nicht wie die Bürgers in der ARD Reportage, die anderen machen lässt, sondern zumindest versucht, ihr Leben selbst in die Hand zu nehmen. Sie braucht dafür nur die Motivation ihres ältesten Sohnes.

Das ab und an Mitgefühl aufkeimt, liegt sicher an der starken emotionalen Komponente der Sendung. Die gesamte Familie ist sehr gefühlsbetont, allen voran natürlich die Mutter. Da wird gestritten, geweint und sich manchmal auch gefreut. Die Reporterin stellt genau zwei Zwischenfragen und beide beziehen sich auf die momentane Gefühlslage von Frau Thiel. Ein Zufall? Die Sendung gleicht einer Talkshow. Zuviel Emotion und wenig Information bewirken beim Zuschauer allerdings schnell eine abwehrende Haltung. Vor allem wenn stereotypische Gefühlsmuster nur noch kontextlos dargeboten werden. Dann wird auf Distanz gegangen. Aus dem Off hört man, dass Andrea jeden Job annehmen würde, dies bezieht sich aber wohl nur auf die in Aussicht stehende Arbeit in einem Sexshop. Denn Andrea Thiel sagte noch kurz zuvor, dass sie zwar im Verkauf und im Lager arbeiten würde, aber Putzarbeiten käme für sie nicht in Frage. Mit der Tätigkeit als Verkäuferin für Lustzubehör wie es aus dem Off heißt, hätten sie und ihre Familie dagegen keine Probleme. ProSieben augenscheinlich auch nicht. Das Bewerbungsgespräch im Laden wird voll ausgeschöpft. Erotische Themen haben sich schon lange auch im Nachmittagsprogramm etabliert. Solche „Ausflüge" lenken aber nur vom eigentlichen Thema ab. Die Geschichte droht ins Komische abzudriften, wenn Andrea Thiel nervös versucht ihren ersten Vibrator an die Frau zu bringen. Zwar wird die Arbeit in einem Erotikladen nicht als Traumjob propagiert, denn Andrea ist es erst unangenehm, sich auf diese Arbeit einzulassen. Man will es ihr nicht recht abnehmen, dass sie wirklich Interesse an den Produkten findet, so ist sie überrascht das der Laden so gar nicht dem Klischee entspricht. Statt düsterer, abgetrennter Räume und verruchtem Klima, findet sie ein helles und sauberes Geschäft vor. Der Besitzer zeigt sich enttäuscht darüber, dass sie sich noch nie in den Laden getraut hat.

Stereotype finden in dieser Reportage wie auch in den anderen ihren Platz. Schon allein Andrea Thiel vereint alles in sich, was man Hartz- IV Empfängern nachsagt. Sie ist seit langer Zeit arbeitslos, übergewichtig, alleinerziehend und selbständiges Denken fällt ihr schwer. Tochter Yasmin ist aufmüpfig, uneinsichtig und kann nur schwer verstehen, dass ihre Familie auf so vieles verzichten muss. Auch im Off wird kategorisiert, die Tochter rebelliert und der Zwillingsbruder ist schon ein vernünftiger Mini- Erwachsener.[226] Florian reagiert immer verständnisvoll, ist sich darüber klar, dass die Mutter nicht immer ja sagen kann. Traurig ist er dennoch, so kommen die Gefühle nicht zu kurz. Trotzdem wird das Spiel guter Zwilling, böser Zwilling in dieser Folge nicht auf die Spitze getrieben. Vielleicht der letzte Funke an Respekt den Kindern gegenüber. Falsche Darstellungen im Fernsehen oder allein schon das bloße Erscheinen kann durchaus Mobbingattacken in der Schule nach sich ziehen.

Der älteste Sohn investiert zwar viel Mühe, aber dennoch sieht man in ihm nur einen ebenfalls arbeitslosen und übergewichtigen Typen. Wenn er doch so gut Bescheid weiß, wie man Bewerbungen schreibt und wie man am Besten bei einem neuen Arbeitgeber ankommt, warum schafft er es nicht sein eigenes Leben zu ändern? Er bezeichnet seine Mutter als gutmütiges Schaf, dass es allen Recht machen will. Christian selbst scheint gut von dem Geld vom Amt leben zu können. Der Mutter spendet er gerne die 300 Euro für die Typveränderung. Doch wie kann er sich das leisten? Tut er dies aus reiner Nächstenliebe oder stecken andere Motive dahinter? Mit der Geldgeberstrategie lenkt er geschickt von seiner eigenen Unfähigkeit ab, während seine

---

[226] WALPER, NICOLE (2007): We are family – So lebt Deutschland. ``Heute fange ich mein neues Leben an``. 46 Minuten, DF, Pro7, Erstausstrahlung 28.06.2007, 13:00 bis 14:00 Uhr. [abrufbar unter www.maxdome.de]

Mutter einen regelrechten Seelenstriptease hinlegt. Die Kamera fängt den Kummer ein, denn die Tränen wirken echt und sorgen für gute Quoten. Einen guten Moment gibt es dennoch, der von der Kamera festgehalten wurde. Andrea Thiel bereitet sich in ihrer Wohnung auf das nächste Vorstellungsgespräch vor, sie geht die Fragen durch, die Bewerbungscoach Yilmaz ihr zuvor aufgeschrieben hatte. Darunter auch „Wie sieht ihre Lebensplanung aus?", was folgt ist Stille und ein Seufzer. In diesem Moment ist man Andrea Thiel das erste Mal ganz nah. Hier scheint sie für einen Moment die Kamera vergessen zu haben, weil sie sich nur auf das Frage – Antwort Spiel konzentriert. In dem Seufzer und dem Ungesagten findet sich mehr Gefühl und Wahrheit, als in den restlichen Aufzeichnungen. Interessant ist, dass ausgerechnet ein ausländischer Mitbürger, nämlich Erkan Yilmaz, der deutschen Hausfrau Andrea Thiel hilft, ihre Bewerbungsmappe auf Vordermann zu bringen und an so einfache Dinge wie angemessene Kleidung erinnert.

Leider finden sich trotz der hohen Einschaltquoten im *We are Family* Forum auf den Seiten des Senders keine Meinungen von Zuschauern. Gut möglich, dass die Sendung nicht zu sehr polarisierte oder das Thema Kinderarmut und Jobsuche einfach schon zu oft in den vorangegangenen Folgen präsent war. In dem Forum können sich die Zuschauer ungestört austauschen, oft handelt es sich hierbei um Lob oder Kritik bezogen auf die Darsteller. Manchmal wird Hilfe angeboten, da kann schon einmal ein Jobangebot dabei sein. Oft haben die Zuschauer selbst ein Anliegen, zum Beispiel fragten bei *Heute fange ich mein neues Leben an* gleich zwei Leute nach einem bestimmten Song, der während der Folge im Hintergrund lief. Oder aber man sucht den Kontakt zu Personen, die wiedererkannt wurden oder die man gerne näher kennenlernen will, weil ihr Schicksal so sehr beeindruckt hat. Der Sender ProSieben scheint das Forum nur wenig zu verwalten, es wird selten auf Zuschauerfragen reagiert, ab und an wird allerdings ein Chat mit ausgewählten Darstellern angeboten. Immer wieder kommt es auch vor, dass nachgefragt wird, wie man sich für die Sendung bewerben kann. Dann äußern sich Leute, die selbst schon einmal dabei waren. Über diverse andere Foren und Internetseiten sucht die unabhängige TV- Produktionsfirma 99pro Media GmbH immer wieder nach neuen Darstellern. ProSieben produziert demnach nicht selbst, sondern kauft ein.

Sicher ist, dass es für die Teilnahme eine Aufwandsentschädigung gibt. Über wirkliche Honorare spricht man nicht. Viele geben ohne Nachzudenken ihr Einverständnis für den Dreh. Das böse Erwachen kommt nach der Aufzeichnung und Ausstrahlung. Einige unvorteilhaft Portraitierte versuchen sich in Foren zu rechtfertigen. So auch Conny Kakstein, sie hatte sich für das Format Wohnungsrenovierung beworben, nicht Körpersanierung. Doch das Lip-Lymphödem wurde einfach zur Brust-OP umgedichtet.[227] Stellt sich die Frage, warum die Kandidatin trotzdem alles mit sich machen ließ. Auch darauf hat Conny Kakstein eine Antwort,

> Leider hat kein Protagonist - Laienschauspieler - die Möglichkeit, auf das Endprodukt Einfluss zu nehmen. [...] Leider wurden die Passagen, in denen meine Ernährung im Alltag, meine viele Bewegung etc. dem Zuschauer abgewandelt dargebracht [sic],- passt halt besser ins Konzept.[228]

Trotzdem ist sie froh darüber, dass über ihr Thema berichtet wurde. Sie verrät nicht, welche genauen Zahlungen sie für den Beitrag erhalten hat, meint aber, dass nach Abzug der Steuern nicht einmal ein Wochenendausflug übrig bliebe. Die offensichtliche Falschdarstellung ihrer Person nimmt sie hin. Doch nur damit die Quoten stimmen, sollte man noch lange nicht alles mitmachen.

Ähnliches erlebte die Mutter von Michelle Arnold, die im Mittelpunkt der Sendung vom 16.10.2008 stand. „Es hat Riesenspass [sic] gemacht einmal mitzuerleben, wie [sic] so eine Sendung entsteht. War [sic] nur etwas enttäuscht, in [sic] der Sendung kam es so rüber, als [sic] ob wir sie dazu treiben, Sängerin [sic] zu werden."[229] Beworben hatte auch sie sich, geplant war die Begleitung des Hausumbaus durch ein TV- Team. „Dass war dann nicht mehr interessant für den neuen Redakteur. Meine [sic] Tochter musste ausplaudern, dass [sic]sie Sängerin werden möchte. Dann [sic] haben sie es auf der Schiene hochgezogen."[230]

So kann man am Ende nur hoffen, dass den meisten Zuschauern bewusst ist, dass eine Sendung wie *We are family* nicht gerade für eine distanzierte und objektive Berichterstattung bekannt ist und Gefühle oft forciert werden. Es liegt am Zuschauer zu

---

[227] ProSieben (2009): ``We are family! So lebt Deutschland``. Forum. Community. http://community.prosieben.de/php-bin/prosieben/index.php?page=Board.Index&isReload=1&parentId=6806912&subject=Beworben+f%C3%BCr+WOHNUNGSRENOVIERUNG+-+nicht+f%C3%BCr+Brustvergr%C3%B6%C3%9Ferung&context=thread&senderId=ThreadList#anchor [Datenabruf vom 24.02.2009, um 17:15Uhr.]

[228] ProSieben (2009): ``We are family! So lebt Deutschland``. Forum. Community.: a.a.O.

[229] RTV (2006): ``We are family! Heute werde ich ein Star!``. http://www.rtv.de/forum/viewtopic.php?t=691 [Datenabruf vom 09.02.2009, um 17:08 Uhr.]

[230] RTV (2006): ``We are family! Heute werde ich ein Star!``. http://www.rtv.de/forum/viewtopic.php?t=691 [Datenabruf vom 09.02.2009, um 17:08 Uhr.]

differenzieren, wann er es mit der Realität und wann er es mit einer Inszenierung zu tun hat.

5 Das Fernsehen und seine Zuschauer

5.1 Wer schaut?

Nachdem nun drei Reportagen zum Thema Kinderarmut in Deutschland näher betrachtet wurden, stellt sich die Frage wer sie sich ansieht. Stimmen gewünschter Rezipient und wirklicher Rezipient überein? Erfüllen sie ihre eigentliche Aufgabe der Informationsvermittlung und Aufklärung oder fliehen sie in die Anonymität der Unterhaltung, gar des puren Voyeurismus? Welchen Sendeplatz haben die Reportagen? Denn auch das lässt auf einen bestimmten Zuschauerkreis schließen.

Fernsehen ist, wie Fernsehwissenschaftler Lothar Mikos treffend beschreibt, nicht nur ein elektronisches Medium, sondern auch eine Aktivität der Zuschauer.[231] Sprich, der Zuschauer bestimmt was und wie er etwas sieht. „Im Mittelpunkt steht dabei weniger das Medium selbst, als die Erlebnisqualität, die es vermittelt."[232] Die Programmmacher haben allerdings die Möglichkeit sie zu beeinflussen und in eine bestimmte Richtung zu treiben. Letztlich aber hält der Zuschauer die Fernsehbedienung in der Hand und kann notfalls immer um- oder ausschalten.

Das Medium Fernsehen ist allgegenwärtig in unserer Gesellschaft, es wurde zu einem Allgemeingut. Selbst Schuldnern darf das Gerät unter Umständen nicht einfach so entzogen werden, da der Mensch laut deutschem Gesetz ein Recht auf den Bezug von Informationen hat. Der Kontakt zur Außenwelt muss demnach gewährleistet sein. „Der Stellenwert des Fernsehens in der Gesellschaft ist in den letzten Jahrzehnten kontinuierlich gestiegen. Das trifft sowohl in quantitativer wie in qualitativer Hinsicht zu."[233] Fernsehen ist etwas für jeden geworden und vielleicht wird es auch deshalb immer schwieriger, das richtige Publikum zu erreichen. Rubin stellte 1981 neun Motivgruppen des Fernsehkonsums auf. Er zählte hierzu Gewohnheit und Zeit totschlagen, Fernsehen als Quelle vermittelter sozialer Kontakte oder einfach zur Anregung. Des Weiteren wird wegen einer spezifischen Sendung, zur Entspannung, zur Information, um zu fliehen oder zu vergessen oder um sich unterhalten zu lassen,

---

[231]   vgl. MIKOS, LOTHAR (1994): *Fernsehen im Erleben der Zuschauer: vom lustvollen Umgang mit einem populären Medium.* Quintessenz. Berlin [u.a.]., S.1
[232]   MIKOS, LOTHAR (1994): *a.a.O.,* S.1
[233]   MIKOS, LOTHAR (1994): *a.a.O.,* S.5

sowie zur sozialen Interaktion mit anderen, konsumiert.[234] Das gesamte Programm erscheint dem Zuschauer wie eine große Erzählung, die permanent verfügbar ist. Die Bedeutungen, die die Menschen dem Fernsehen als Medium und den einzelnen Programmen und Sendungen zugewiesen werden, hängen sowohl von den situativen Bedingungen, der lebensweltlichen und gesellschaftlichen Einbettung der Individuen als auch von ihren Persönlichkeitsmerkmalen und ihrer Lebensgeschichte ab.[235] Zudem werden die Fernsehtexte generell auf das Wissen von Zuschauern und auf ihre kognitiven und emotionalen Aktivitäten hin organisiert.

Neben Lothar Mikos beschäftigten sich auch Drummond und Patterson in ihrem Buch „Television and it's audience"[236] mit der Wirkung des Fernsehens auf die Rezipienten. Diese zwei führenden Experten versuchen sich ganz neu mit der Natur des Mediums Fernsehen zu befassen und zwar aus der Sicht der Zuschauer. Das Fernsehen nimmt mehrere Stunden unseres täglichen Lebens ein, aber dies passiert meist auf einem Level, dass nur eine sehr geringe Beteiligung erfordert. TV läuft also mehr nebenbei, als das sich wirklich auf den Inhalt konzentriert wird. Sie sprechen von einem Publikum, das schaut um zu entspannen, aber dennoch favorisierte Programme dafür auswählt. Das Angebot ist überwältigend, den hohen Kosten für die Herstellung der Programme stehen kleine Kosten für deren Konsum gegenüber. Drummond und Patterson analysieren die Beziehungen zwischen Fernsehformaten und den wirklich erlebbaren Erfahrungen der Zuschauer.[237] Da sie sich auf das amerikanische und britische Publikum beschränken, habe ich mir für meine Arbeit nur Anregungen geholt. Das Fernsehen dort ist ganz anders aufgebaut als in Deutschland und würde nur den Blick verfälschen. Gute Anregungen geben sie allerdings zum Format Reality- TV. Dieses hat seine Wurzeln im *Big Brother Staat* England und den USA und feierte schließlich in Deutschland ebenfalls Erfolge. Das Buch sollte zumindest eine Erwähnung in meiner Arbeit finden, es beinhaltet über 20 Jahre Recherchearbeit zum Thema Fernsehpublikum und hat mich erst auf die Idee gebracht, nach der Analyse meiner Reportagen, auch über die Leute nachzudenken, die sie sich ansehen.

---

234   vgl. MIKOS, LOTHAR (1994): *a.a.O., S.*49 f.

235   MIKOS, LOTHAR (1994): *a.a.O., S.*129

236   DRUMMOND, PHILLIP [HRSG.] (1988): *Television and it's audience: internat. Research perspectives; a selection of papers from the second International Television Studies Conference, 1986.* BFI Publ.. London., S.1 ff.

237   vgl. DRUMMOND, PHILLIP [HRSG.] (1988): S.1 ff.

Wer aber schaut wirklich hin? Sind es die betroffenen Menschen selbst? Wollen diese überhaupt auch noch nach Feierabend ihre eigenen Schwierigkeiten auf dem Bildschirm sehen? Können sie, falls eine Lösung für die Charaktere in der Sendung eintritt, diese auf sich selbst übertragen und sich selbst helfen oder sich zumindest Hilfe holen? Und warum schauen sich die Sendungen Leute an, die nicht von diesen Problemen betroffen sind? Ist es Interesse, Voyeurismus oder einfach nur die Sucht nach einer Gewissheit, die da lautet: Gut das es uns besser geht? oder Es kann immer noch schlimmer kommen im Leben? Klar ist, so viele Sender es gibt, so viele unterschiedliche Zuschauertypen gibt es auch. Man kann demnach nicht alle erfassen, sondern nur versuchen, unterschiedliche Sichtweisen zu definieren.

„The frames of reference which audience apply when engaging with documentaries (or any other media text) will differ according to a range of factors, including age, gender, social grouping, political affiliation – and even personal biography."[238]

Jeder Rezipient bleibt ein Individuum und weist somit eine vielschichtige Persönlichkeitsstruktur auf.

Die folgenden Gedanken und Schlussfolgerungen sind natürlich nur Vermutungen. Um exakte Ergebnisse zu erhalten, müsste man umfangreichere Studien und auch Befragungen durchführen.

Beginnen möchte ich mit der *Pro7* Produktion *We are family – Heute fange ich mein neues Leben an*. Die Sendung läuft im Nachmittagsprogramm, so kann davon ausgegangen werden, dass auch Kinder und Jugendliche zu den Zuschauern gehören. Der Rezipient Kind ist beim Thema Kinderarmut natürlich besonders interessant.

Arbeitslosigkeit und die Angst vor materieller Armut beschäftigen viele Kinder und Jugendliche. Das Thema Armut entwickelt sich allerdings immer mehr zu einem Tabu. Die meisten versuchen allein mit ihren Ängsten und Sorgen fertig zu werden, wird dennoch darüber gesprochen, dann geschieht das mit einer Vertrauensperson. Sie befinden sich in einer Zwickmühle, einerseits sind sie froh, wenn ihre Armut nicht bemerkt wird, andererseits wollen sie sich mitteilen. Viele von ihnen glauben an ein vorrübergehendes Problem, bleiben die Eltern arbeitslos, wächst ihre soziale Isolation und sie werden zunehmend depressiv oder aggressiv.

---

[238]   KILBORN, RICHARD / IZOD, JOHN (1997): *An introduction to television documentary: confronting reality.* Manchester Univ. Press. Manchester [u.a.]., S.228 f.

Können ihnen diese Reportagen überhaupt helfen? Und welches Bild erhalten Kinder, die selbst nicht von Armut betroffen sind?

Die *Pro7* Produktion *We are family!- So lebt Deutschland* läuft momentan wochentags von 14 bis 15 Uhr, direkt nach dem Mittagsmagazin *SAM* und leitet den Nachmittag ein. Nach der Sendung folgen ähnliche Formate, darunter *Lebe deinen Traum! Jetzt wird alles anders* und neu im Programm *U20- Deutschland deine Teenies*. Abgeschlossen wird das ganze wieder mit einem Boulevardmagazin (*taff*), welches von 17 bis 18 Uhr läuft. Die Platzierung im Nachmittagsprogramm kurz nach Schulschluss lässt darauf schließen, dass ein jugendliches Publikum gezielt an versiert wird. Das Zielpublikum von *ProSieben* ist zwischen 14 und 49 Jahren alt. Durch die regelmäßige Ausstrahlung in Form einer Serie, fünfmal die Woche, entsteht beim Zuschauer das Gefühl von Kontinuität. Durch immer neue spannende, unglaubliche oder außergewöhnliche Geschichten aus dem Leben versucht der Sender seine Zuschauer an das Format zu binden.

Die Folge um die es hier geht, lief damals noch um 13 Uhr. Durch die Erzählung einer in sich geschlossenen Geschichte wird das Thema Arbeitslosigkeit, die damit zusammenhängende Armut und die Jobsuche bearbeitet. Eine Geschichte lässt sich leichter verfolgen als eine bloße Ansammlung von Fakten und zusammenhanglosen Bildern. Dies kommt vor allem bei Kindern und Jugendlichen an. Der Marktanteil von starken 17,7 Prozent in der Zielgruppe bestätigt, dass die Strategie des Senders aufgeht. Selbst die Wiederholung mit 11,1 Prozent zieht noch wesentlich mehr Zuschauer vor den Bildschirm, als die *ARD* oder der Sender *VOX* es mit ihren Reportagen geschafft haben. Ein Vorteil in der Gunst um den Zuschauer bildet der Sendeplatz und die starke Unterhaltungskomponente der Sendung. Sie kann man auch einfach nebenbei sehen, ohne etwas wichtiges zu verpassen. Während gängige Dokumentationen und Reportagen eher sachlich an ein Thema herangehen, wird hier auf Infotainment gesetzt. Mit Fragen wie, „Wird Andrea endgültig aus dem Arbeitsmarkt ausrangiert?" und „Ihr neues Leben als Verkäuferin für Lustzubehör?" wird die Neugier beim Rezipienten geweckt. Die Zuschauer werden durch spannende Erzählstränge, Identifikationen mit Charakteren und durch die Einbeziehung stimmungsvoller Musik an die Sendung gebunden. Hier ist für jede Altersgruppe ein Darsteller dabei, die 10-jährigen Zwillinge Florian und Yasmin, der 27-jährige Bruder und die Eltern. Da das Leben durch Arbeitslosigkeit geprägt ist und nicht jeder sich in diese

Situation hineinversetzen kann oder möchte, gibt es zusätzlich den erfolgreichen türkischstämmigen Coach, die Friseuse, die Verkäuferin und die potenziellen Arbeitgeber. Alles bodenständige Figuren des Arbeiterproletariats. Kein Wunder also, dass soviel Menschen eingeschaltet haben. Die Verpackung eines ernsten Themas in für jeden verständliche Aussagen kommt an. Wer will sich schon nach einem Arbeitstag mit ernsthaften Problemen beschäftigen und hunderte von Fakten verarbeiten müssen. Und diejenigen, die den ganzen Tag zu Hause sitzen, also selbst von Arbeitslosigkeit betroffen sind, werden Unterhaltung auch immer der Information vorziehen, um sich nur nicht mit ihren eigenen Problemen zu sehr zu beschäftigen. Reportagen die tiefergehend ein Problem behandeln, werden von Betroffenen meist gemieden. „Offensichtlich ertragen die meisten Menschen es nicht, sich selbst als Verlierer zu sehen."[239] Gerade in dieser Reportage werden keine wirklich lebensgefährdenden Auswirkungen von Armut angesprochen. Die Familie muss keinen Hunger leiden, notfalls gibt es die *TAFEL* oder Familienmitglieder die aushelfen. Die Kinder verfügen über genügend Spielzeug, haben sogar Haustiere. In der Wohnung scheint soweit alles vorhanden zu sein, was man benötigt. Wenn so Armut aussieht, muss man anscheinend keine Angst davor haben, so suggeriert es diese Folge dem Zuschauer. Dies kann dazu führen, dass nicht arme kindliche Zuschauer ihren armen Mitschülern vorwerfen, gar nicht wirklich arm zu sein, weil die Familie Thiel im Fernsehen nicht viel anders lebt, als sie selbst. Oder sich wirklich arme Zuschauer vom Format abwenden, weil sie ihre Situation unzureichend dargestellt sehen.

Sollte einmal ein Zuschauer abtrünnig werden und dem *Zapping* verfallen, weil ihm die aktuelle Darstellung des Themas nicht anspricht, so wird ihn *ProSieben* immer wieder mit offenen Armen empfangen. Die Sendung ist so aufgebaut, dass der Wiedereinstieg jedes Mal leicht fällt.

Früher wurde das Publikum als passiv und leicht beeinflussbar eingeschätzt, heute hat man erkannt, welchen gewaltigen Einfluss sie auf das nehmen, was gezeigt wird und vor allem wie lange es gezeigt wird. Mittlerweile zeugen ganze vier Staffeln, die mehr als 100 Folgen enthalten und kostenpflichtig im Internet abrufbar sind, vom Erfolg des Formats. Eine Zahl die für sich spricht und die Anerkennung beim Publikum scheint auch weiterhin nicht abzureißen, obwohl die Sendereihe zahlreiche Kri-

---

[239] NIEJAHR, ELISABETH (2001): ``Kinderarmut – Die große Not der Kleinen``.
http://www.zeit.de/2001/51/200151_kinderarmut.xml
[Datenabruf vom 16.11.2008, um 01:31 Uhr.]

tikpunkte aufweist. Ein interessanter Zusatz ist, dass die Promifolgen von *We are family* aufgrund zu niedriger Quote abgesetzt wurden.[240] Das deutet darauf hin, dass der Zuschauer immer mehr Interesse an dem Alltag ihm gleichgestellter oder ähnlicher Protagonisten hat, als an dem Leben der für ihn unerreichbaren High- Society Welt.

Die Sendung *Spiegel TV Extra* des Senders VOX läuft derzeit immer dienstags ab 23:05 Uhr. Ein Sendeplatz der nicht für ein junges Publikum spricht. Die Platzierung mitten in der Woche wird auch vielen Berufstätigen nicht passen. So beschwerte sich ein Zuschauer mit den Worten: „Aber warum kommt das was einen interessiert immer so spät. Lieber ´GZSZ´ [wöchentliche TV-Soap auf RTL 19:45 – 20:15; Anm. d. Verf.] auf [sic] 3 Uhr nacht´s [sic] verbannen."[241]

Wiederholt werden die Sendungen nur in unregelmäßigen Abständen und das kann schon einmal bis zu zwei Monaten dauern. Mit einer jahresdurchschnittlichen Einschaltquote von 8,1 Prozent liegt *VOX* mit seinem Magazinformat *Spiegel TV EXTRA* weit unter seinen Erwartungen, angesichts des Sendeplatzes aber immer noch im akzeptablen Bereich. *VOX* versucht durch gezielte Werbung seine Zuschauer auf die Sendungen aufmerksam zu machen. So werden im Programm immer wieder Trailer auch von Reportage Sendungen gezielt platziert, um den Zuschauer daran zu erinnern, dass nach dem Hauptfilm oder der Serie noch etwas Interessantes auf dem Sender zu sehen ist. Auch die *Spiegel TV EXTRA* Reportage bietet seinen Zuschauern genug Identifikationsmaterial. Erwachsene, arbeitslos oder berufstätig, sowie deren Kinder kommen gleichberechtigt zu Wort. Es reden Menschen, die nicht nur über die Regierung meckern, sondern sich um Arbeit bemühen. Die Nennung positiver Beispiele wird bei einem Rezipienten, der selbst arbeitslos ist, sicher zum Nachdenken anregen. Die die Arbeit haben, werden eventuell ihre Ansicht von Hartz-IV Empfängern überdenken. Durch die Verbindung interessanter Einblicke mit Informationen wird die Reportage vor allem für die interessant, die nach einer Mischung von Unterhaltung und Aufklärung suchen. Sie wollen wissen, was in Deutschland passiert und können hier ihren Voyeurismus unter dem Deckmantel des sich Informierens ausleben. In Häppchenformat erhalten die Zuschauer Einblicke in eine

---

[240] Medienmagazin Dwdl.de GmbH (2007): *Quoten Promi We are family*
http://www.dwdl.de/article/news_11782,00.html
[Datenabruf vom 26.02.2009, um 12:54 Uhr.]

[241] MINIATUR WUNDERLAND HAMBURG [GMBH] (2007): ``*VOX Spiegel TV Extra (Wiederholung)*``.
Forum. http://www.miniatur-wunderland.de/community/forum/vox-78-2315-0010-uhr-spiegel-tv-extra-
(wiederholung)-t14175.html
[Datenabruf vom 09.02.2009, um 16:05 Uhr.]

Gesellschaft, die in anderen Beiträgen nur oberflächlich angerissen werden. Die Informationsflut im Off- Kommentar kann allerdings wiederum zu der späten Stunde einigen zuviel werden und zum Umschalten bewegen.

Zum Abschluss die *ARD* Sendung *Exclusiv Die Reportage im Ersten*: Eine Familie und ihre Helfer vom Amt. Sie lief am Mittwoch, dem 8. August 2007 um 21.45 Uhr im Ersten. Viele Drittprogramme, u.a. der *HR* und der *WDR*, wiederholten die Reportage zu unterschiedlichen Zeiten. Momentan wird die Reportagereihe am Sonntag zur Mittagszeit im *Ersten* gesendet. „In ARD und ZDF haben Reportagen, meist mit sozialen Themen, ihre festen Sendeplätze am Sonntag. […] Reportagen mit lokalem und regionalem Bezug findet man in nennenswertem Umfang auch in den Dritten Programmen."[242] Im *3sat* Programm läuft die Reihe beispielsweise immer freitags um 18 Uhr.

Hier soll sich aber auf die Ausstrahlung der vorgestellten Reportage in der *ARD* bezogen werden. Zugunsten einer Programmumstrukturierung soll die Sendereihe ab März 2009 aus dem *Ersten* verschwinden. Günter Ederer, der seit mehr als 20 Jahren Wirtschaftsjournalist ist und der sowohl für die *ARD* wie das *ZDF* als freier Autor Reportagen lieferte, kritisiert den zunehmenden Häppchenjournalismus, dem nun auch eine der letzten großen Reportageformate des Hauptabends zum Opfer fallen soll. „Die Sendezeiten werden um eine Viertelstunde gekürzt, oder die Formate ganz rausgeworfen, damit die 'Tagesthemen' früher gesendet werden können […] Wieso werden nicht die Spielfilme gekürzt? Weil Bildung ein Quotenkiller ist!"[243] Dabei ist das Risiko für die *ARD* gering. Der selbstständige TV-Autor Tilo Knops, der für den *NDR* und den *SWR* mehrere Beiträge für das Format produzierte, meint das „die Filme […] normalerweise für die Dritten Programme produziert [werden]. Erst, wenn sie gut laufen, kommen sie in die *ARD*."[244] Sollen nun Reportagen nur noch auf den Regionalprogrammen laufen? Zumindest was die klassische Reportage angeht, scheint es im *ARD* und *ZDF* Abendprogramm demnächst zappenduster zu werden.

Das 30 minütige Reportageformat *ARD Exclusiv* erzählt Geschichten die aufregen, anrühren und neue Einblicke geben. „Entweder ist also das Thema - mindestens in

[242]   ZIMMERMANN, PETER [HRSG.] (2006): *Dokumentarfilm im Umbruch: Kino, Fernsehen, neue Medien*. UVK. Konstanz., S.111
[243]   GENTNER, INGO (2007): ``Häppchenjournalismus auf dem Vormarsch. Umstrukturierungspläne provozieren ARD-internen Streit.``
       http://www.viva.de/film.php?op=tv-extra&what=show&Artikel_ID=52914
       [Datenabruf vom 09.02.2009, um 01:54 Uhr.]
[244]   GENTNER, INGO (2007): a.a.O.

seiner Form - noch nicht dagewesen oder aber der Zugang des Autors sehr unge-
wöhnlich, eben Dokumentationen und Reportagen in ARD-Qualität."[245] Durch den
Qualitätsanspruch versucht man sich bewusst gegenüber den privaten Sendern abzugrenzen und das intellektuelle Publikum für sich zu gewinnen. Trotzdem soll es
nicht langweilig anmuten, sondern eine spannende Berichterstattung garantieren.
ARD exclusiv will dem Zuschauer immer eine spannende Geschichte aus den The-
menbereichen Gesellschaft, Wissenschaft, Medizin, Technologie, Kriminalität oder
Auto und Verkehr bieten. Die Kunst des Erzählens soll wiederbelebt werden.[246]
Dabei wird das Problem von allen Seiten beobachtet und möglichst viele Argumente
angeführt. Der Zuschauer soll umfassend informiert werden und sich selbst ein Bild
machen können. Die Ausstrahlung im abendlichen Hauptprogramm spricht eigentlich
für eine hohe Zuschauerbeteiligung. Dennoch kommt die ARD im Konkurrenzkampf
mit den Privaten Sendern nur auf 8,6 Prozent, was einem Zuschaueranteil von 2,29
Millionen entspricht. Liegt es daran, dass zuviel über benachteiligte Familien berichtet wird? Die Dominanz der Unterschicht im Fernsehen ist gewaltig, schon möglich,
dass man der Reportage am Mittwochabend lieber einen Film vorzieht, als zum wiederholten Mal die Probleme anderer Leute erörtert zu bekommen. Das Besondere an
der *ARD Exclusiv* Sendung ist jedoch, dass hier gezeigt wird, wie den Menschen geholfen wird. Aber selbst diese neue Sicht auf die Dinge verleitete nicht genügend
Menschen zum einschalten. Es könnte daran liegen, dass Menschen die selbst nicht
von Arbeitslosigkeit betroffen sind, es auch nicht interessiert, wie ein Amt Bedürftigen hilft. Ebenso werden die, die ähnliche Probleme haben wie die Familie Bürger,
wohl eher selten die öffentlich- rechtlichen Sender nutzen, sondern sich mehr den
Angeboten privater Sender zuwenden. Vielleicht sollte die *ARD* trotzdem eher über
einen neuen festen Sendeplatz nachdenken, als darüber, wie man sich am besten dem
„Häppchenjournalismus" der Konkurrenz anpasst. Eine gute Quote sollte wichtig,
aber eben nicht alles sein.

---

[245]   3SAT (2008): ARD- exclusiv – Spannung garantiert.
   http://www.3sat.de/3sat.php?http://www.3sat.de/ard/23170/index.html
   [Datenabruf vom 09.02.2008, um 16:12 Uhr.]
[246]   vgl. 3SAT (2008): a.a.O.

5.2 Wirkungsabsichten

Jeder Zuschauer empfindet anders, wenn er sich etwas im Fernsehen ansieht. Und jeder Sender scheint bestimmte Absichten zu verfolgen, wenn er mit einem Programm auf Sendung geht.

Sind die Sender daran interessiert ihre Zuschauer über die Missstände der Gesellschaft aufzuklären und ihnen Informationen zu liefern, die kurze *Tagesschau-* Beiträge nicht geben können? Fördern die Macher der Reportagen eine Identifikation der Zuschauer mit den Menschen auf dem Bildschirm, oder aber können sie das emotionale Erleben dieser gar nicht bewusst beeinflussen? Geht es den Sendern nur um gute Quoten, die sie am ehesten erreichen, indem sie sich dem Wunsch des Publikums nach Unterhaltung unterwerfen? Gehen sie sogar soweit, dass sie ihre Darsteller vor der Öffentlichkeit bloßstellen, weil sie wissen, dass jeder ein voyeuristisches Auge hat und so gebannt am Fernsehbild hängen bleibt, um seine Lust nach Sensationen zu befriedigen? Welche Rolle spielt die Dramaturgie, wenn es um das Identifikationspotenzial des Zuschauers geht? Hier soll der Begriff der Dramaturgie als Beschreibungskategorie der Handlungsstruktur verwendet werden. Denn Filmhandlung ist ein „ereignishaftes, konfliktorientiertes Geschehen". Figuren treten auf, zwischen ihnen läuft eine Handlung innerhalb eines begrenzten Spielfeldes ab und dies ist geprägt durch einen Konflikt und dessen Lösung. Die Konflikthaltigkeit steht hierbei im Mittelpunkt. Für den Medienwissenschaftler Knut Hickethier ist Dramaturgie eine Anlage des Geschehens, die uns als Zuschauer in eine Anspannung setzt, uns mitgehen lässt mit dem, was gezeigt wird.[247] Vor allem in Doku- Soaps findet dies eine Anwendung.

Im folgenden Abschnitt soll nun untersucht werden, wie sich die Sendungen zwischen Information und Unterhaltung bewegen und wie emotionales Erleben zu Identifikationen des Zuschauers mit den Darstellern oder dem Gezeigtem führen kann.

---

[247] HICKETHIER, KNUT (2007): *Film- und Fernsehanalyse.* Metzler. 4., aktualisierte und erw. Auflage. Stuttgart [u.a.]., S.115

5.2.1 Information und Aufklärung

Immer wieder sieht man in letzter Zeit Reportagen im Fernsehen, die sich ähneln. Ihre Protagonisten werden austauschbar. Hierbei stellt sich die Frage, ob die Reportage ihren Aufklärungscharakter verliert, weil sich die Geschichten wiederholen und die Leute müde werden, immer das Gleiche zu sehen. Wie wirklich ist die Fernsehwirklichkeit dann noch für den Zuschauer? Oder aber wird das Interesse der Öffentlichkeit erst dadurch geweckt, weil anscheinend so viele Menschen vom gleichen Schicksal betroffen zu sein scheinen? Wenn man immer die gleichen Probleme der Eltern mit den Ämtern oder der Kinder mit dem Leben in Armut sieht, muss man dann nicht feststellen, dass dies wohl die Realität ist? Durch die Berichte von Betroffenen, Interviews mit den Betreuern, mit Fachleuten und Hilfsorganisationen wird die Reportage ihrem Informationscharakter durchaus gerecht, denn „[…] Programmformen wie die Fernsehreportage haben dessen [des Dokumentarfilms; Anm. d. Verf.] aufklärenden und informierenden Charakter übernommen."[248]

Indem der Zuschauer hört und sieht, nimmt er bewusst oder unbewusst Informationen auf. „Auf der einen Seite besteht die Funktion der Information für den Adressaten darin, Kenntnisse zu erlangen. […] Andererseits wird Information auch zum Ziel der Zerstreuung, der Ablenkung und Unterhaltung konsumiert."[249] Der Zuschauer flieht vor seinem eigenen Alltag und sucht Zuflucht in einer Scheinwelt. So umgeht er eine Auseinandersetzung mit der eigenen Realität.

„Der Inhalt gewinnt erst durch die Emotion an Bedeutung und schafft Einsicht."[250] Was für den Dokumentarfilm gilt, gilt auch für die Reportage. Die Reportage läuft dennoch Gefahr vom *Fast- Food- Infotainment*[251] verdrängt zu werden. Infotainment ist ein wichtiger Begriff in der heutigen Fernsehwelt. Er beschreibt die Mischung von unterhaltsamer Präsentation und ernsthafter Information. Deutlich wird, dass sich vor allem die privaten Sender dem Infotainment verschrieben haben. Die öffentlich-rechtlichen Programme versuchen immer noch Seriosität zu vermitteln und sich durch langfristig gutrecherchierte und gut abgesicherte Beiträge von den privaten

---

[248]   BERG- WALZ, BENEDIKT (1995): *Vom Dokumentarfilm zur Fernsehreportage.* Verlag für Wissenschaft und Forschung. 1. Auflage. Berlin., S.48
[249]   BERG- WALZ, BENEDIKT (1995): a.a.O., S.38
[250]   BERG- WALZ, BENEDIKT (1995): a.a.O., S.45
[251]   vgl. ERTEL, DIETER; ZIMMERMANN, PETER [HRSG.] (1996): *Strategie der Blicke: zur Modellierung von Wirklichkeit in Dokumentarfilm und Reportage.* Ölschläger. Konstanz., S.9

Unterhaltungsangeboten abzugrenzen. Dennoch wanderten einige anspruchsvolle Sendungen zu den Privaten ab, um dort nicht nur brisante Themen anzugehen, sondern auch ästhetisch- experimentell neue Wege gehen zu können. Der Druck der Einschaltquote förderte jedoch den purem Sensationsjournalismus.[252]

Reportagen aber sollten ein Thema tiefer bearbeiten, den Zuschauern eine bestimmte Situation näher bringen und soziale und politische Verantwortung gegenüber der Gesellschaft lehren. Grisby erkannte 1995 diese Pflicht, die er gegenüber seinen Zuschauern zu erfüllen hat.

> I feel that, particulary now, society and people are very fragmented, very isolated, and have in many cases no means of being heard or of expressing themselves about their everyday life or their emotional situation … I think it is incumbent on us as broadcasters, filmmakers, whatever we are, to be looking at our society and trying to find those resonances, trying to hear those voices, to give people space.[253]

Reportagen geben die Möglichkeit sich mit einem Anliegen an eine größere Masse zu wenden. Schade ist nur, wenn aufgrund eines ungünstigen Sendeplatzes keiner einschaltet oder aber nur die auf das Thema aufmerksam werden, die sich schon vorher dafür interessiert haben. Wichtig ist es, neue Konzepte auszuprobieren und beispielsweise über Themenabende neue Zuschauer anzusprechen, so wie es die öffentlich- rechtlichen und auch Kultur- und Informationsprogramme wie *Arte* und *Phoenix* schon ausprobiert haben. Themenabende fallen dem Zuschauer eher ins Auge, als einzelne Sendungen um Mitternacht. Sie sollten möglichst aktuell sein, wenn beispielsweise gerade wieder in den Nachrichtensendungen über Arbeitslosigkeit oder Vernachlässigung von Kindern gesprochen wird. Private Sender, die tägliche Magazine anbieten, die unter anderem Armut und Arbeitslosigkeit ansprechen, bieten wenig Information, aber viel Unterhaltung. Gerade die Sendeplätze im Nachmittagsprogramm wären ideal, um die Gesellschaft aufzuklären, über die Missstände zu informieren und Anregungen zu geben, wie man dem entgegenwirken könnte.

Nur durch das Herausstellen der pragmatischen Relevanz einer Nachricht, bleiben beim Zuschauer wichtige Informationen hängen und nicht nur Emotionsausbrüche, die später in diversen Internetforen ausdiskutiert werden.

---

[252] vgl. ERTEL, DIETER; ZIMMERMANN, PETER [HRSG.] (1996): *Strategie der Blicke: zur Modellierung von Wirklichkeit in Dokumentarfilm und Reportage.* Ölschläger. Konstanz., S.338

[253] KILBORN, RICHARD / IZOD, JOHN (1997): *An introduction to television documentary: confronting reality.* Manchester Univ. Press. Manchester [u.a.]., S.7

Letztendlich aber hat nicht das Fernsehen die Macht die Bilder der Normalität sowie die Bedürfnisse und Sehnsüchte, die darüber hinausweisen, eindeutig zu prägen. Dazu sind seine Angebote schon ins sich zu heterogen.[254] Viel mehr haben die Konsumenten gelernt, zwischen den Angeboten nach ihren jeweiligen Bedürfnissen, Erwartungen und Möglichkeiten auszuwählen.

Für Kinder und Jugendliche ist das Fernsehen das Informationsmedium Nr.1.[255] Sie nehmen vor allem Neues und Komplexes über bewegte Bilder besser auf. Das Infotainmentmagazin *Explosiv* auf RTL ist bei ihnen als informative Sendung beliebter als die *Tagesschau*. „Viele Heranwachsende ziehen Angebote des Infotainment der seriösen Fernsehinformation vor, weil sie Informationen bieten, die sich auf Alltägliches beziehen und weil sie unterhaltsame Elemente aufweisen."[256]

Die Sender tragen hierzu im großen Maße bei, indem sie Infotainment zu Sendezeiten laufen lassen, an denen Jugendliche vermehrt vor dem TV sitzen, nämlich nachmittags und abends. Infotainment ist einfach leichter zu verarbeiten. Auch Erwachsene wählen vermehrt diese Art der Informationsbeschaffung, weil sie sachliche Sendungen, wie die Tagesschau einfach nicht verstehen. Die Privaten Sender verpacken Information geschickt in einem unterhaltungsorientierten Gesamtkonzept. „Information vermischt sich mit Unterhaltungselementen […] die Verpackung dient der Vermarktung und wird wichtiger als die Information selbst."[257] Der Anspruch der Reality- Sendungen informieren zu wollen, komme laut Benedikt Berg-Walz einer „arglistigen Täuschung`` nahe.[258] Die Aktualität des Themas spielt dabei eine wichtige Rolle, sie kann eine Information gewichtiger wirken lassen, als sie eigentlich ist. Die Schnelligkeit aber sollte keinen Vorrang vor der Erkenntnis haben. Es müssen Kritik und Reflexion dazwischentreten, denn die heutige „Informationsgesellschaft lebt von den Medienverantwortlichen als ihren Informanten."[259] Und die sollten eine Information genau prüfen, bevor sie diese weitergeben. Der Zuschauer bekommt ständig Informationen, schnell, unmittelbar und sofort. Ihre Qualität ist abhängig von der Bearbeitungsdauer, die der Reporter hatte. Meist bleibt keine Zeit zum Nachden-

---

[254]   vgl. PROKOPP, ULRIKE [HRSG.] (2006): a.a.O., S.27
[255]   vgl. PROKOPP, ULRIKE [HRSG.] (2006): a.a.O., S.169
[256]   PROKOPP, ULRIKE [HRSG.] (2006): a.a.O., S.170
[257]   BERG- WALZ, BENEDIKT (1995): *Vom Dokumentarfilm zur Fernsehreportage.* Verlag für Wissenschaft und Forschung. 1. Auflage. Berlin., S.231
[258]   BERG- WALZ, BENEDIKT (1995): a.a.O., S.61
[259]   BERG- WALZ, BENEDIKT (1995): a.a.O., S.236

ken und zum Überprüfen der Informationen, das ist dann der Preis den das „Konzept des Sofortfernsehens"[260] einfordert.

---

[260]   BERG- WALZ, BENEDIKT (1995): a.a.O., S.236

5.2.2 Unterhaltung und Voyeurismus

Das Fernsehen steht neben einer Vielzahl medialer und nicht- medialer Aktivitäten. „Fernsehen als Unterhaltung kann damit auch als spielerische Aneignung von Welt gesehen werden, die sich unter den Bedingungen der Befreiung vom Alltagsstress im Rahmen des Alltags und der Lebenswelt vollzieht."[261]

Aber Unterhaltung bis zum Tod? Im Buch Fernsehland ließ sich der Autor auf sarkastische Art und Weise auf das Thema des Voyeurismus ohne Grenzen ein. Die Quoten waren stets wichtiger als das Wohlbefinden des gezeigten Menschen.

„Was soll das heißen? Können wir nicht mehr mit ihm drehen? Mein Produktionsleiter plant schon das Team! – Bist du noch zu retten? Der Mann stirbt vielleicht. An Dreharbeiten ist überhaupt nicht mehr zu denken!"[262]

Ohne Rücksicht auf Verluste wird auf alles und jeden die Kamera gehalten, um die Sensationsgier der Zuschauer zu befriedigen. Gibt es doch die meisten Zuschauerbriefe und Diskussionen, wenn eine möglichst kontroverse Sendung über den Bildschirm lief. Zuschauer scheinen es zu lieben über andere zu urteilen oder in das Leben anderer Einblick zu erhalten. „Die Faszination des Einblicks in fremdes Leben hat natürlich etwas von sozialem Voyeurismus an sich."[263] Da wird schon mal nachgefragt, ob sich denn das Jugendamt endlich eingeschalten hätte, weil die Mutter augenscheinlich zu dumm, zu faul und zu fett wäre, jemals wieder aus ihrer Situation herauszukommen.

Wenn Personen im Fernsehen ihr Leben preisgeben, müssen sie damit rechnen, dass am Schnittplatz die Aufnahmen so zusammengestellt werden, dass der Zuschauer ein falsches Bild von dem Geschehen bekommt.

In vielen Fällen, beispielsweise in Reality-Dokus (*We are family*) oder Formaten wie DSDS (Deutschland sucht den Superstar – RTL) werden die Leute absichtlich vorgeführt und lächerlich gemacht, bzw. sie machen sich selbst lächerlich. Beim Zuschauer erzeugt das dann ein Gefühl von Erhabenheit, es erhöht das eigene Selbst in dem Moment, wo andere sich eben zum Affen machen. Genau deswegen sind diese Sen-

---

[261]   MIKOS, LOTHAR (1994): *Fernsehen im Erleben der Zuschauer: vom lustvollen Umgang mit einem populären Medium.* Quintessenz. Berlin [u.a.]., S.1

[262]   SCHILLER, FRANCIS (1999): *Fernsehland: eine fast wahre Geschichte.* Rogner & Bernhard bei Zweitausendeins. 1. Auflage. Frankfurt am Main., S.80

[263]   WINTER, MAX (2007): *Expeditionen ins dunkelste Wien: Meisterwerke der Sozialreportage.* Picus Verlag. 2. Auflage. Wien. Haas, Hannes (Hrsg.), S.24

dungen vermutlich erfolgreich. Weil man über andere (abschätzig) lachen kann und sich selbst dadurch besser fühlt. Der Mensch ist von sich aus voyeuristisch veranlagt und sensationsbesessen. Der gesunde Menschenverstand scheint des Öfteren auszusetzen, wie sonst lässt sich beispielsweise das Gaffer Phänomen erklären? Und auch vor dem Fernseher sitzen die meisten und gaffen. Danach wird manchmal darüber diskutiert und gestritten was man ändern sollte, doch darüber hinaus aktiv wird kaum einer. „Gibt es überhaupt noch Bereiche oder Situationen, die nicht gezeigt werden, bei denen die Journalisten die Kamera ausschalten?"[264] Was darf man drehen und was nicht? TV- Produzent Michael Schomers hat erkannt, dass es bei dem weit verbreiteten Voyeurismus bis hin zum Exhibitionismus schwierig ist in bestimmten Momenten die richtige Entscheidung zu treffen. Manchmal muss man die Personen vor sich selbst schützen, weil diese die Auswirkungen ihres Verhaltens vor der Kamera nicht einschätzen können. Wichtig ist ein verantwortungsbewusster Umgang mit dem Medium Fernsehen und der Macht die es hat. Dazu gehört mindestens den Menschen, die sich filmen lassen, deutlich klar zu machen, auf was sie sich einlassen.[265] „Diskussionen um die menschliche Würde, den Schutz der Persönlichkeit, um Ethik und Moral finden hier ihren Rahmen."[266] Genauso muss man sich aber auch im Klaren sein, dass der Einsatz einer Kamera oder die bloße Anwesenheit eines Journalisten eine bestimmte Situation erst auslösen kann. Personen im Reality- TV werden oft als Produkt oder Ware gehandelt. Die Produzenten verfolgen mit ihrer Sendung natürlich kommerzielle Interessen. Echte Personen, echte Dramen, richtiges Blut und Tränen ergeben eine bessere Zuschauerresonanz. Reality- TV Sendungen sind auch nicht so kostenintensiv und locken eine große Anzahl an Zuschauern an, was wiederum die Werbemacher anlockt, zu den Ausstrahlungszeiten ihre Produkte zu präsentieren. Reality- TV Gegner sehen in ihnen nur die zur Schaustellung in Not geratener Menschen. „Diese Darstellung von Leid im Fernsehen trage `zur weiteren Abstumpfung, zur Entsolidarisierung und zur Gewaltbereitschaft des sozialen Denkens und Verhaltens bei`."[267] Die Sender würden auf den Voyeurismus der Zuschauer speku-

---

[264] SCHOMERS, MICHAEL (2001): *Die Fernsehreportage: von der Idee zur Ausstrahlung; Reportage, Dokumentation, Feature; ein Buch für Einsteiger im Film- und TV- Business.* FAZ- Inst. Für Management-, Markt- und Medieninformation. Frankfurt am Main., S.119

[265] vgl. SCHOMERS, MICHAEL (2001): a.a.O., S.120

[266] WEGENER, CLAUDIA (1994): *Reality- TV: Fernsehen zwischen Emotion und Information?.* Leske und Budrich. Opladen., S.10

[267] WALTER, CHRISTOPH M. (1996): *Die Vereinbarkeit des sogenannten Reality- Fernsehens mit dem Recht am eigenen Bilde.* Univ. Diss.. Bonn., S.128

lieren, was in einem nicht mehr hinzunehmenden Sensationsjournalismus endet. Es handele sich hierbei um die öffentliche Befriedigung von Gafferlust. Die Grenze ist eindeutig überschritten, wenn Personen in böser Absicht bloßgestellt werden. Identifizierbare Berichterstattungen sollten deshalb im Einzelfall abgewogen werden und die Anonymität gewahrt bleiben. „Der Mensch muss immer Zweck an sich selbst bleiben, denn es widerspricht der menschlichen Würde, einen Menschen zum bloßen Objekt zu machen.“[268] Befürworter meinen, dass Reality- TV den prosozialen gesamtgesellschaftlichen Interessen dient. Es würde nur in Form authentischer Reportagen versucht, journalistische Wirklichkeit zu vermitteln. Es wird darauf verwiesen, dass durch viele Reality- TV Formate u.a. in informativer Weise Handlungskompetenz zur Selbst- und Fremdhilfe vermittelt werden. Beide Seiten beruhen allerdings nur auf Mutmaßungen. Außerdem sollte man immer zwischen Sensationslust und Neugier unterscheiden. Zudem kann eine zu geringe Anteilnahme am Geschehen dazu führen, dass dem Rezipienten unterstellt wird, Tragödien anderer nicht im würdigem Maße zur Kenntnis zu nehmen. Auch der

> […] einzelne Rezipient [ist] ein Individuum mit einer so vielschichtigen Persönlichkeitsstruktur, dass durch die Betrachtung einer (Reality-) Fernsehsendung und die damit einhergehenden akustischen und optischen Mitteilungen nicht ausschließlich ein komplexes Bedürfnis befriedigt wird. Vielmehr ist die Persönlichkeitsstruktur des Individuums so vielschichtig wie seine Reaktion auf einen Kommunikationsprozeß.[269]

Ein Millionenpublikum kann keine homogene Einheit bilden, auf die eine Sendung identische rezeptive Wirkungen hat. Je nach Alter, Geschlecht, Intelligenz, politischer Einstellung, sozialer Situation, tatsächlicher und angestrebter Zugehörigkeit zu bestimmten Gruppen, Kenntnissen, Vorstellungen, Erwartungen, Wertesystemen, psychischer Stabilität und der augenblicklichen Verfassung erzielt ein und dieselbe Kommunikation unterschiedliche Wirkungen.

---

[268] WALTER, CHRISTOPH M. (1996): a.a.O., S.171
[269] WALTER, CHRISTOPH M. (1996): a.a.O., S.136

5.2.3 Emotionales Erleben und Identifikation

Formate mit einer stark am Entertainment orientierten Komponente dominieren die dokumentarische und sachliche TV- Landschaft. Sie bieten u.a. ein hohes Identifikationspotenzial mit den Charakteren und dargestellten Situationen und dies meist noch mehr als bei Soap- Operas, denn hier sind „echte" Menschen zu sehen.

„Reality television is not the end of civilization as know it; it is civilization as we know it. It is popular culture at its most popular, soap opera come to life?"[270] Es werden Menschen wie du und ich auf die TV Bühne gebracht und diese durchleben dort Situationen, die möglichst viele Zuschauer mitreißen sollen. Die neuen Formate liefern den Zuschauern Modelle erfolgreicher Selbstdarstellung, die kopiert werden können. Genauso gut können sie sich aber auch von denen abgrenzen.

> Sie können den Angeboten nacheifern, sich aber auch über sie lustig machen, sie gegeneinander ausspielen, sie ablehnen oder ignorieren. Sie können auch durch Zappen die einzelnen Sendungen zertrümmern. Aber die ökonomischen und machtpolitischen Strukturen der Kulturindustrie sorgen doch dafür, dass die vermittelten Rollenideale den Anforderungen der Wettbewerbsgesellschaft vielfach entsprechen.[271]

Der Abstand zwischen dem Rollenideal und persönlicher Realität wird nie zu groß, denn „in der Auseinandersetzung mit ihnen bilden sich die Vorstellungen von Normalitäten und Normalbiographien, formen sich personale Identitäten."[272] Die große Reportage eines nicht unbedingt aktuellen, aber dennoch relevanten sozialen oder politischen Themas, gibt dem Zuschauer die Gelegenheit der Identifikation. Denn durch längere Beobachtung und Schilderung werden die handelnden Personen dem Zuschauer bekannt und vertraut. „Dabei geht es um mehr als das Herausnehmen einzelner Personen als menschliches Exempel [...]."[273] Außerdem ist sich der Zuschauer durchaus bewusst, dass sich Menschen vor der Kamera durchaus anders verhalten können, als im wahren Leben.

Das Fernsehen ist ein „Medium mit rabiater Emotionsdramaturgie"[274], das auf den Seelenhaushalt des Konsumenten eintrommelt. Ein Grund dafür kann sein, dass das

---

[270] KILBORN, RICHARD (2003): *Staging the real: factual TV programming in the age of Big Brother.* Manchester Univ. Press. Manchester [u.a.]., S.15

[271] PROKOPP, ULRIKE [HRSG.] (2006): *Doku- Soap, Reality- TV, Affekt- Talkshow, Fantasy- Rollenspiele: Neue Sozialisationsagenturen im Jugendalter.* Tectum- Verlag. Marburg., S.28

[272] PROKOPP, ULRIKE [HRSG.] (2006): a.a.O., S.28

[273] BERG- WALZ, BENEDIKT (1995): *Vom Dokumentarfilm zur Fernsehreportage.* Verlag für Wissenschaft und Forschung. 1. Auflage. Berlin., S.108

[274] BERG- WALZ, BENEDIKT (1995): *Vom Dokumentarfilm zur Fernsehreportage.* Verlag für Wissenschaft und Forschung. 1. Auflage. Berlin., S.95

Interesse der Zuschauer abhängig von ihrer Betroffenheit ist. Je mehr Mitleid oder Abscheu sie für die aufgenommenen Situationen oder Personen fühlen, desto mehr Aufmerksamkeit zeigen sie. „Involvement und Interesse sind hier auf lebensgeschichtliche Erfahrungen und Persönlichkeitsmerkmale der zuschauenden Individuen bezogen."[275] Dennoch ist der Zuschauer nicht ständig in die jeweilige Sendung involviert, viel mehr liegt ein ständiger Wechsel von emotionaler Beteiligung und distanzierter Beobachtung vor.

> Doch in der Fernsehsituation ist der Rezeptionsprozeß nur durch zeitweises Versinken in die Erzählungen auf dem Bildschirm gekennzeichnet, da er durch die familiäre Kommunikation situativ gerahmt ist. Die Zuschauer werden so immer wieder in die Wirklichkeit des häuslichen Ambientes zurückgeholt.[276]

Der Wechsel zwischen emotionaler und distanzierter Teilnahme kann durch dramaturgische Gestaltung der Erzählungen gefördert werden. Den „ästhetische[n] Affekt des Sich- Einfühlens in das fremde Ich (…), der die bewundernde Distanz aufhebt und den Zuschauer oder Leser durch seine Rührung hindurch zur Solidarisierung mit dem leidenden Helden führen kann"[277], nennt man sympathetische Identifikation.

> Die Zuschauer weinen, sind traurig, eifersüchtig, neidisch usw., nicht weil die Figuren in den Film- und Fernseherzählungen dies auch sind, sondern weil die szenischen Arrangements sie an Ereignisse aus ihrer eigenen Lebensgeschichte erinnern, die nun über das szenische Verstehen auch in ihrem emotionalen Gehalt in der Medieninteraktionssituation erneut erlebt werden.[278]

Film- und Fernseherzählungen sind eine Spielwiese der Gefühle. Bei der Identifikation mit Personen orientiert man sich an deren sozialen Rollen. Wenn aber das Rollenverhalten der Figur nicht mehr mit der Rollenidentifikation des Zuschauers übereinstimmt, dann besteht die Gefahr eines Glaubwürdigkeitsverlusts. Die ironische Identifikation stellt hingegen eine Rezeptionsebene dar, bei der dem Zuschauer nur eine erwartbare Identifikation vorgezeichnet wird, die später zerstört oder verweigert wird.[279] Ein intensives Ausagieren von Gefühlen und Wünschen in der Rezeptionssituation, zumindest in der Phantasie, wird kathartische Identifikation genannt.

---

[275] MIKOS, LOTHAR (1994): *Fernsehen im Erleben der Zuschauer: vom lustvollen Umgang mit einem populären Medium.* Quintessenz. Berlin [u.a.]., S.47
[276] MIKOS, LOTHAR (1994): a.a.O., S.81
[277] MIKOS, LOTHAR (1994): a.a.O., S.81
[278] MIKOS, LOTHAR (1994): a.a.O., S.82
[279] vgl. MIKOS, LOTHAR (1994): a.a.O., S.83

> Die Intensität des emotionalen Erlebens bei der Rezeption von medialen Erzählungen hängt vor allem davon ab, inwieweit die szenischen Arrangements mit zwar unbewussten, aber dennoch bedeutsamen lebensgeschichtlichen Erfahrungen der Zuschauer korrespondieren.[280]

Die emotionale Involviertheit ist demnach umso intensiver, je mehr die szenischen Arrangements, den lebensgeschichtlichen Erfahrungen der Zuschauer entsprechen und eine „sinnlich- symbolische Entsprechung in der Phantasie haben".[281] Entsprechen sie dem nicht, so ist der Zuschauer auch nicht sonderlich emotional bewegt.

Zum Abschluss nun noch kurz etwas zur parasozialen Interaktion, denn „diese Auseinandersetzung der Zuschauer mit den sozialen Rollen in den Film- und Fernseherzählungen ist ein zentrales Moment der Rezeption.[282] Die Zuschauer stellen nicht nur ein Beziehungsgefüge zwischen sich und den handelnden Figuren her, sondern sind emotional und kognitiv in die Situation im Medium verstrickt. Die Person vor dem Bildschirm nimmt zwei Rollen ein, die des Zuschauers und die des Mitmachers. „In der simultanen Übernahme beider Rollen, deren sich die Zuschauer bewusst sind, kommt es dann zur parasozialen Interaktion mit den handelnden Figuren im Medium."[283] Es entsteht eine Intimität auf Distanz. Parasoziale Erfahrung ist immer auch ein Teil von Alltagserfahrung.

> Die Handlungen der Figuren im Film und Fernsehen sind so zwar von den Zuschauern nicht direkt beeinflussbar, aber andererseits sind sie ohne die von den Medienakteuren antizipierten Zuschauererwartungen gar nicht denkbar, erst durch sie werden sie vervollständigt.[284]

Werden auf dem Bildschirm Probleme gelöst, so kann auch der Zuschauer versuchen, die erprobten Lösungsmöglichkeiten in seinen eigenen Alltag zu integrieren. Medien tragen „nicht nur in motivatonaler Hinsicht [...] zu Problemlösungen bei, sondern die Zuschauer können über parasoziales Probehandeln in den dargestellten Handlungen Lösungsmöglichkeiten für ihre alltäglichen Probleme durchspielen."[285] Von Sendungen wie *Notruf* oder *Retter* kann man durchaus etwas lernen. „Reality-TV- Sendungen haben trotz aller Schockbilder, die im Rahmen der Erzählung Aufmerksamkeit binden, vor allem pädagogischen Charakter."[286] Die Dramatik der Situationen entsteht über die Identifikation des Zuschauers mit den Opfern und der

---

[280] MIKOS, LOTHAR (1994): a.a.O., S.85
[281] MIKOS, LOTHAR (1994): a.a.O., S.89
[282] vgl. MIKOS, LOTHAR (1994): a.a.O., S.86
[283] MIKOS, LOTHAR (1994): a.a.O., S.86
[284] MIKOS, LOTHAR (1994): a.a.O., S.86
[285] MIKOS, LOTHAR (1994): a.a.O., S.89
[286] MIKOS, LOTHAR (1994): a.a.O., S.158

scheinbar ausweglosen Situation. Sie werden mit ihren realen Ängsten konfrontiert, die sie nun in ihrer Phantasie ausagieren und bearbeiten können. „Reality-TV- Sendungen können daher auch als symbolische Objektivation der realen Ängste gesehen werden, die bei den Zuschauern umgehen."[287]

Die Emotionalität der Rezeption kann auch gefördert werden, indem abstrakte Zusammenhänge über das formale Mittel der Personalisierung in szenische Arrangements überführt werden. Dem Zuschauer bieten sich so Identifikationsangebote und Projektionsflächen.[288] Durch Identifikation ist es möglich, starke Gefühle für jemanden zu entwickeln, den man nie zuvor gesehen oder mit dem man nie zuvor gesprochen hat. Man kann jemanden hassen oder lieben, der nicht einmal weiß, dass man selbst existiert. Die Personen auf der anderen Seite des Bildschirms werden hingegen nie erfahren, wer ihnen zusieht.

[287]   MIKOS, LOTHAR (1994): a.a.O., S.158
[288]   MIKOS, LOTHAR (1994): a.a.O., S.89

6 Schlussbetrachtungen

6.1 Wird die Sozialreportage ihrem Anspruch gerecht?

> Von vielen gar nicht bemerkt, fand am Montagabend um 21 Uhr im
> ``Ersten`` eine kleine Revolution statt: Bochum Wattenscheid statt Se-
> dan, Unterschicht statt ``große Schlachten``, Erkundungen in der eige-
> nen Gesellschaft statt Arbeit am heroischen Geschichtsbewusstsein.
> […] Zu sehen war etwas im 70er Jahre Sound: die gute, alte Sozialre-
> portage.[289]

Ganz klar, dass gesellschaftliche Interesse an der eigenen Öffentlichkeit war schon lange nicht mehr so groß. Aber Serialisierung, Formatierung und Magazinisierung verdrängten das Genre vom Markt. Ein neuer Trend entstand, dem die Reportagen und Dokumentationen zeitweise nur unglücklich hinterherhinkten. Der Filmemacher Peter Krieg polarisierte schon 1986 auf einem Kongress zur Zukunft des Dokumentarfilmes mit seiner These, das der Dokumentarfilm das einzige Schlafmittel sei, das man mit den Augen einnehmen könne, eine Mixtur aus Langeweile, mitleidiger Larmoyanz, Schulmeisterei und Scheinheiligkeit, bei der der Zuschauer aus Notwehr zur Fernbedienung greife.[290] Um so einen Film hinzubekommen, bräuchte man nur ein gesellschaftliches Opfer, mit dem man sich solidarisch erklärt. Dann lässt man es in einem Gespräch oder Interview seine Leidensgeschichte erzählen, illustriert diese durch triste Alltagsszenen und wende den einzelnen Fall ins Allgemeine. Ein anklagender Gestus erzeugt beim Zuschauer letztlich gleichermaßen Mitleid und schlechtes Gewissen, das möglichst mit der Angabe eines Spendenkontos behoben werden kann.[291]

Die Sozialreportage aber soll Schmutz aufwirbeln und betroffen machen. In der Dramaturgie, wie in der Leseransprache sucht sie nach Rezipientennähe und Einverständnis. Dafür muss sie Beweise präsentieren, die jeder Überprüfung standhalten und Tatsachen sollen die Berechtigung politischer und sozialer Forderungen außer Streit stellen.[292]

---

[289]   GÄBLER, BERND (2006): Die Medienkolumne - Die Unterschicht und das Fernsehen.
http://www.stern.de/unterhaltung/tv/:Die-Medienkolumne-Die-Unterschicht-Fernsehen/576861.html
[Datenabruf vom 16.11.2008, um 01:54 Uhr.]
[290]   vgl. ZIMMERMANN, PETER [HRSG.] (2006): *Dokumentarfilm im Umbruch: Kino, Fernsehen, neue Medien.* UVK. Konstanz., S.93
[291]   vgl. ZIMMERMANN, PETER [HRSG.] (2006): *a.a.O.*, S.94
[292]   BERG- WALZ, BENEDIKT (1995): *Vom Dokumentarfilm zur Fernsehreportage.* Verlag für Wissenschaft und Forschung. 1. Auflage. Berlin., S.18

In einer Umfrage wurden Studenten befragt, was sie sich von Dokumentationen und Reportagen erhoffen, wenn sie sich diese ansehen und wie sie sich von anderen TV-Produktionen unterscheiden. Die meisten nutzen die Formate, um ihren Horizont zu erweitern und zu erfahren in was für einer Welt man lebt. Sie gebrauchen sie zur Abwechslung von den puren Unterhaltungsangeboten, die die TV- Landschaft heutzutage dominieren. Durch Dokumentationen und Reportagen erhalten sie wesentlich tiefere Einblicke in ein Thema, das in Newsmagazinen nur oberflächlich angerissen wurde. Sie wollen sich in den Geschichten verlieren, sehen sie aber auch als Aufforderung sich intensiver mit der Welt draußen zu beschäftigen. Am Ende muss auch bei diesen Formaten jeder für sich selbst die Wahrheit herausfiltern.[293]

Dokumentationen und Reportagen dienen nur der tiefer gehenden Bearbeitung eines Themas, durch das näher bringen an die Zuschauer, zeigen sie ihnen, wie sie soziale und politische Verantwortung gegenüber der Gesellschaft übernehmen können.

Der „schnelle Journalismus"[294] der heutigen Zeit verhindert es zunehmend, diesem Anspruch gerecht zu werden. Die Länge vieler Reportagen lässt oftmals keine tiefergehende Bearbeitung des Themas zu. Man bleibt zu sehr an der Oberfläche und rutscht in Verallgemeinerung ab.

> Unsere [hier: Journalisten, Dokumentaristen; Anm. d. Verf.] Entschuldigung, unsere einzige Rechtfertigung vor uns selber [ist]: dass wir das Gute wollten. [...] Voyeurismus bleibt es allemal, dieses Ablichten von Menschen, die auf diese oder jene Art verwundet sind, außer sich sind, auf der Kippe stehen [...] oder all die tausend Dinge, in die der Dokumentarist [oder Reporter; Anm. d. Verf.] sich einmischt. Die er aber nicht ist, nicht erlebt, nicht wirklich durchleidet. Sondern darstellt.[295]

Es sollte zumindest versucht werden, den Zuschauer nicht in eine meinungsbildende Richtung zu drängen, sondern ihm viel mehr die Möglichkeit zu geben, sich ein eigenes Urteil zu bilden.

Am Ende ist es immer noch der Rezipient selbst, der wählt, ob er sich auf Reportagen und Dokumentationen wirklich einlassen möchte. Deshalb sollte die Sozialreportage alte Formen und Ansprüche wieder aufnehmen, um dem Zuschauer etwas entgegenzusetzen, das dem Einheitsformat des Fernsehprogramms fern bleibt.

---

[293]   KILBORN, RICHARD / IZOD, JOHN (1997): *An introduction to television documentary: confronting reality.* Manchester Univ. Press. Manchester [u.a.]., S.1 ff.

[294]   DRECKMEIER, EVA / HOEFER, GEORG (1994): *Aspekte der Fernsehberichterstattung: zu den Sendereihen ``Die Reportage``, ``Markt im Dritten``, ``Plusminus``, ``WISO``.* Coppi- Verlag. Coppengrave., S. 25

[295]   ZIMMERMANN, PETER [HRSG.] (1994): *Fernseh- Dokumentarismus: Bilanz und Perspektiven.* UVK- Medien Ölschläger. 2. Auflage. Konstanz., S.179

„In terms of choice, quality, inventiveness and investment viewers are better served now than ever."[296]

[296]   KILBORN, RICHARD (2003): *Staging the real: factual TV programming in the age of Big Brother.* Manchester Univ. Press. Manchester [u.a.]., S.186

6.2 Entwicklungsausblick

Die Reportage wird immer mehr vom *Fast- Food- Infotainment*[297] verdrängt. Das solide Mittelmaß ist das heimliche Raster professioneller Fernsehproduktion geworden. In der Konkurrenz mit einer wachsenden Zahl kommerzieller Kanäle passt das Niveau sich diesen mehr und mehr an, konzentriert sich im Kampf um Einschaltquoten auf Unterhaltung und Infotainment. Dabei wird im Kampf um die Quote zusehends die Qualität geopfert.[298] Das Fernsehen gilt als eine Agentur und Faktor für den Informations- und Meinungsstand der Gesellschaft. Das Medium spielt eine große Rolle im gesellschaftlichen Leben. Die Wirkung, die von ihm ausgeht, ist dabei nicht zu unterschätzen. Es ist von allen Medien sowohl das bravste, konservativste, unkritischste und unengagierteste, aber zugleich das ärgerlichste, am meisten verachtete und kritisierte Medium unserer Zeit.[299] Die Zuwendung zur Magazinisierung wird sich weiterentwickeln. „Eine weitere Differenzierung der Magazinlandschaft in neue Genres und Subgenres lässt sich beobachten, die häufig in Wechselwirkung mit Adressatengruppen, mit Veränderungen im Alltagsleben der Zuschauer, mit Bewusstseinsveränderungen oder Moden stehen."[300] Die Öffentlich-Rechtlichen können sich nur weiter behaupten, wenn sie entweder auf der Welle mitschwimmen oder sich bewusst davon abgrenzen. Ersteres würde bedeuten, die journalistische Sorgfalt zugunsten der Quote aufzugeben.

> Kaum ein Fernsehjournalist geht mehr irgendwo hin und schaut dort geduldig zu. Das lassen schon die systematisch verknappten Drehzeiten gar nicht mehr zu. Dazu kommt aber: Soviel Stoff aus der äußeren Welt brauchen die Programmmacher gar nicht mehr.[301]

Die Reportagemagazine wirken dadurch immer dünner und fadenscheiniger. War früher die Betonung des Textes für die Reportage wichtig, scheinen es heute die Bilder zu sein. Abgebildet wird eine gesellschaftliche Wirklichkeit oder die die man dafür halten soll. „Sie [die Dokumentarfilmer und Reporter; Anm. d. Verf.] haben keine großen materiellen Ansprüche, brauchen nur eine Kamera, einen Schnittplatz

---

[297]   ERTEL, DIETER; ZIMMERMANN, PETER [HRSG.] (1996): *Strategie der Blicke: zur Modellierung von Wirklichkeit in Dokumentarfilm und Reportage.* Ölschläger. Konstanz., S.9
[298]   vgl. ERTEL, DIETER; ZIMMERMANN, PETER [HRSG.] (1996): a.a.O., S.248
[299]   vgl. ROHRBACH, GÜNTER IN ERTEL, DIETER; ZIMMERMANN, PETER [HRSG.] (1996): *Strategie der Blicke: zur Modellierung von Wirklichkeit in Dokumentarfilm und Reportage.* Ölschläger. Konstanz., S.284
[300]   ERTEL, DIETER; ZIMMERMANN, PETER [HRSG.] (1996): a.a.O., S.336
[301]   ERTEL, DIETER; ZIMMERMANN, PETER [HRSG.] (1996): a.a.O., S.356

und ein paar Euro. […] [Doch; Anm. D. Verf.] [a]uf dem Weg von der Manufaktur zur industriellen Medienproduktion sind viele von ihnen auf der Strecke geblieben."[302] Vielmehr sollte der Spagat zwischen Quote und Qualität versucht werden. „Niveaulose Kopien kommerzieller Programmangebote setzen den allgemeinen Service ebenso aufs Spiel wie zu anspruchsvolle Programme, die niemand sehen will."[303] Andere Länder, wie beispielsweise Dänemark haben diesen Trend längst erkannt. „Die Zuschauer wollen mehr als nur immer Unterhaltung, sie wollen Programme sehen, die auch etwas mit ihrem Leben zu tun haben, aus denen sie auch nach dem Abspann etwas für ihr Leben mitnehmen können."[304]

Dies gelingt nur, wenn man Informationen nicht nur zu übermitteln versucht, sondern sie wirklich vermittelt. Eine Reportage sollte so produziert werden, dass die Botschaft die sie trägt, nicht im Unterhaltungswert der Sendung untergeht. Dass sich am Ende jeder Zuschauer seine eigenen Informationen aus der Vielzahl der angebotenen Sendungen herauszieht, kann auch ein guter Reporter nicht verhindern. Denn „[d]ie Utopie, dass eine umfassend informierte Gesellschaft auch eine umfassend demokratische Gesellschaft sei, hat sich nicht erfüllen können."[305] Aber er kann zumindest seiner Aufgabe als Informationsvermittler gerecht werden.

---

[302] ZIMMERMANN, PETER [HRSG.] (2006): *Dokumentarfilm im Umbruch: Kino, Fernsehen, neue Medien.* UVK. Konstanz., S.57

[303] BERG- WALZ, BENEDIKT (1995): *Vom Dokumentarfilm zur Fernsehreportage.* Verlag für Wissenschaft und Forschung. 1. Auflage. Berlin., S.227

[304] BERG- WALZ, BENEDIKT (1995): a.a.O., S.25

[305] BERG- WALZ, BENEDIKT (1995): a.a.O., S.36

7 Fazit

In dieser Studie galt es aufzuzeigen, wie Sozialreportagen das Thema Kinderarmut umsetzen und ob dies beim Publikum ankommt. Interessant zu beobachten war, dass versucht wurde nicht nur mit Negativbeispielen zu arbeiten, sondern auch Menschen zu Wort kamen, die viel Zeit und Geduld in ihre Existenz und in das Überleben anderer stecken. Das dabei immer gilt, „Film ist Film, und Leben ist Leben."[306], muss dem Zuschauer klar sein, bevor er sich auf eine dieser Sendungen einlässt. Nur dann kann er sich völlig unbefangen dem zuwenden, was ihm auf dem Bildschirm präsentiert wird. Und dann bemerkt er auch, dass die Sozialreportagen nicht die Familien bloßstellen, sondern das Elend zeigen möchten, um damit die Gesellschaft aufzurütteln. Dies gilt vor allem für die Formate der ARD und des Privatsenders VOX. Die Bestätigung des Vorhandenseins von Kinderarmut in Deutschland erfolgt durch die Aussagen von Betroffenen, zuständigen Autoritäten und der Nennung von statistisch belegten oder gut recherchierten Fakten. Die Kinder kommen in allen drei Reportagen zu Wort, aber vor allem durch die Aussagen der Eltern und Personen aus ihrem direktem Umfeld erhält der Zuschauer Einblicke in ihr Leben mit Hartz- IV. Auffällig ist, dass bis auf ein, zwei Erziehern keine Lehrer befragt werden. Nur die Institution Schule wird hier und da in den Aussagen der Kinder kurz erwähnt. Eine Reportage über Kinderarmut kann und sollte sich nicht nur auf die Sicht der Kinder beschränken, sondern ihr unmittelbares Umfeld mit einbeziehen. So kann der Zuschauer am besten einordnen, wie weit die Armut das Kind schon in seiner Lebenswelt einschränkt. Laut Margherita Zander kann man die Kinder in fünf Typen einordnen. Bei Typ 1 geht es dem Kind trotz eingeschränkter materieller Ressourcen gut. Typ 2 sieht die Armut als Nebenproblem einer gravierenden sozio- emotionalen Belastung. Bei Typ 3 ist Armut eine aktuelle latente Gefahr, Typ 4 sieht Armut schon als massive kulturelle und materielle Benachteiligung und Typ 5 beschreibt Armut als multiple Deprivation.[307] In den vorgestellten Reportagen findet der Zuschauer für jeden Typus ein Beispiel. Offenbar stimmen wirkliche Armut und Armutsempfinden dennoch oftmals nicht überein. Hier liegt es am Rezipienten, über die ihm zur Verfügung

---

[306] ZIMMERMANN, PETER [HRSG.] (1994): *Fernseh- Dokumentarismus: Bilanz und Perspektiven.* UVK- Medien Ölschläger. 2. Auflage. Konstanz., S.171
[307] ZANDER, MARGHERITA / CHASSÈ, KARL AUGUST / RASCH, KONSTANZE (2005): *Meine Familie ist arm: Wie Kinder im Grundschulalter Armut erleben und bewältigen.* VS, Verlag für Sozialwissenschaften. 3. Auflage. Wiesbaden., S.43

stehenden Fakten und Bilder eine Wahrheit zu finden, die er akzeptieren kann. In allen drei Reportagen wird gezeigt, wie die Betroffenen versuchen mit ihrer Armutssituation umzugehen, den Alltag zu verbessern oder dem Geldmangel und der sozialen Einsamkeit zu entkommen. Dies geschieht vielfältig, *We are family* begleitet bei der Jobsuche, *ARD Exclusiv* zeigt wie durch „Helfer vom Amt" wieder Ordnung ins Leben gebracht wird und *VOX Spiegel TV Extra* ist dabei, wenn es zur Kleiderkammer oder zum *1- Euro- Job* geht. Dem Zuschauer wird schnell klar, dass es zwar viel Notstand in Deutschland gibt, aber auch geholfen werden kann. Durch *Pro7* und *VOX* werden Anleitungen zur Selbsthilfe gegeben. Eigentlich müssten sich viele Zuschauer angesichts des brisanten und aktuellen Themas angesprochen fühlen und einschalten. Dies tun sie aber nur bei dem sich stark am Entertainment orientierenden Format des Senders *Pro7* zur Nachmittagszeit. Sollen deshalb nun objektivere Berichterstattungen in die Kultursender oder zum exklusiven Abonnementfernsehen abwandern, weil dort das Publikum auf sie wartet, dass ein anspruchsvolles Programm bevorzugt? Die öffentlich-rechtlichen Sender scheinen diese Lösung zu bevorzugen, Reportagen bekommen auch hier nur noch späte Sendeplätze. Das sie dort kaum jemanden erreichen ist von vornherein klar. Vielleicht sollte zusätzlich versucht werden, durch gut positionierte Werbung die Aufmerksamkeit weiterer potenzieller Zuschauer zu erlangen. Ebenfalls muss eine Orientierung an der Arbeitsweise von Infotainmentformaten eine gute Berichterstattung nicht grundsätzlich ausschließen. Die Sendung von Sozialreportagen im für jeden zugänglichen Programm zu unterbinden, hieße auch den meisten Zuschauern eine weitere Auswahlmöglichkeit zu nehmen. Dieser aber sollte gefördert werden und nicht dem einseitigem Angebot der Privatsender kampflos überlassen werden. „Vielleicht ist es ein Glück für die Zuschauer, dass die, die das Fernsehen kritisieren, es nicht machen; aber mit Sicherheit ist es ein Unglück, wenn die die es machen, es nicht kritisieren."[308] Fernsehen sollte für den Zuschauer gemacht werden und nicht für die Quote, dazu gehört eben auch ihn von Zeit zu Zeit zu fördern und nicht mit nichtssagendem Entertainment einzuwickeln. „Die Informationsgesellschaft lebt von den Medienverantwortlichen als ihren Informanten."[309] Solange man seinem eigenem Programm in die Augen

---

[308] DELLING, MANFRED IN ZIMMERMANN PETER [HRSG.] (1994): *Fernseh- Dokumentarismus: Bilanz und Perspektiven.* UVK- Medien Ölschläger. 2. Auflage. Konstanz., S.273
[309] BERG- WALZ, BENEDIKT (1995): *Vom Dokumentarfilm zur Fernsehreportage.* Verlag für Wissenschaft und Forschung. 1. Auflage. Berlin.

sehen kann, man etwas mit dem Gezeigten erreicht, solange liegt man in jedem Fall richtig.[310]

---

[310]   ERTEL, DIETER; ZIMMERMANN, PETER [HRSG.] (1996): *Strategie der Blicke: zur Modellierung von Wirklichkeit in Dokumentarfilm und Reportage.* Ölschläger. Konstanz.

8 Literaturverzeichnis

BERG- WALZ, BENEDIKT (1995): *Vom Dokumentarfilm zur Fernsehreportage.* Verlag
für Wissenschaft und Forschung. 1. Auflage. Berlin.

BUTTERWEGGE, CHRISTOPH [HRSG.] / L`HOEST, RAPHAEL (2000): *Kinderarmut in
Deutschland: Ursachen, Erscheinungsformen und Gegenmaßnahmen.*
Campus- Verlag. 2. durchges. Auflage. Frankfurt [u.a.].

DEUTSCHES KINDERHILFSWERK [HRSG.] (2007): *Kinderreport Deutschland 2007:
Daten, Fakten, Hintergründe.* Kopaed. München.

DRECKMEIER, EVA / HOEFER, GEORG (1994): *Aspekte der Fernsehberichterstattung:
zu den Sendereihen ``Die Reportage``, ``Markt im Dritten``, ``Plusminus``,
``WISO``.* Coppi- Verlag. Coppengrave.

DRUMMOND, PHILLIP [HRSG.] (1988): *Television and it`s audience: internat. Re-
search perspectives; a selection of papers from the second International
Television Studies Conference, 1986.* BFI Publ.. London.

ERTEL, DIETER; ZIMMERMANN, PETER [HRSG.] (1996): *Strategie der Blicke: zur Modellierung von Wirklichkeit in Dokumentarfilm und Reportage.* Ölschläger.
Konstanz.

FEUSTEL, ELKE (2007): *``Neue Kinderarmut`` in Deutschland: Ursachen, Folgen,
Lösungsansätze. Forschungsinstitut für Philosophie.* Hannover.

HATTENDORF, MANFRED (1994): *Dokumentarfilm und Authentizität: Ästhetik und
Pragmatik einer Gattung.* UVK- Medien Ölschläger. 1. Auflage. Konstanz.

HICKETHIER, KNUT (2007): *Film- und Fernsehanalyse.* Metzler. 4., aktualisierte und
erw. Auflage. Stuttgart [u.a.].

KILBORN, RICHARD / IZOD, JOHN (1997): *An introduction to television documentary: confronting reality.* Manchester Univ. Press. Manchester [u.a.].

KILBORN, RICHARD (2003): *Staging the real: factual TV programming in the age of Big Brother.* Manchester Univ. Press. Manchester [u.a.].

KING, GEOFF [HRSG.] (2005): *The spectacle of the real: from Hollywood to ``reality`` TV and beyond.* Intellect. Bristol [u.a.].

KÜRBISCH, FRIEDRICH G. [HRSG.] (1983): *Entlassen ins Nichts: Reportagen über Arbeitslosigkeit 1918 bis heute; ein Lesebuch.* Dietz. Berlin [u.a.].

LINDNER, ROLF (2007): *Die Entdeckung der Stadtkultur: Soziologie aus der Erfahrung der Reportage.* Campus- Verlag. Neuauflage. Frankfurt am Main [u.a.].

MIKOS, LOTHAR (1994): *Fernsehen im Erleben der Zuschauer: vom lustvollen Umgang mit einem populären Medium.* Quintessenz. Berlin [u.a.].

PROKOPP, ULRIKE [HRSG.] (2006): *Doku- Soap, Reality- TV, Affekt- Talkshow, Fantasy- Rollenspiele: Neue Sozialisationsagenturen im Jugendalter.* Tectum- Verlag. Marburg.

RÖDDE, ULF (2007): *Dialog – Armes reiches Land – Deutsche Tafel.* Gewerkschaft Erziehung und Wissenschaft. 1/2007. apm AG Darmstadt.

ROSENTHAL, ALAN (1995): *Writing docudrama: dramatizing reality for film and TV.* Focal Press. Boston [u.a.].

SCHOMERS, MICHAEL (2001): *Die Fernsehreportage: von der Idee zur Ausstrahlung; Reportage, Dokumentation, Feature; ein Buch für Einsteiger im Film- und TV- Business.* FAZ- Inst. Für Management-, Markt- und Medieninformation. Frankfurt am Main.

SCHILLER, FRANCIS (1999): *Fernsehland: eine fast wahre Geschichte.* Rogner & Bernhard bei Zweitausendeins. 1. Auflage. Frankfurt am Main.

WALTER, CHRISTOPH M. (1996): *Die Vereinbarkeit des sogenannten Reality- Fernsehens mit dem Recht am eigenen Bilde.* Univ. Diss.. Bonn.

WEGENER, CLAUDIA (1994): *Reality- TV: Fernsehen zwischen Emotion und Information?.* Leske und Budrich. Opladen.

WEICHLER, KURT (2003): *Handbuch für freie Journalisten: alles was wichtig ist.* 1. Aufl. Westdt. Verl. Wiesbaden.

WINTER, MAX (2007): *Expeditionen ins dunkelste Wien: Meisterwerke der Sozialreportage.* Picus Verlag. 2. Auflage. Wien. Haas, Hannes (Hrsg.)

WITZKE, BODO / ROTHAUS, ULLI (2003): *Die Fernsehreportage.* UVK- Verlag- Ges.. Konstanz.

ZANDER, MARGHERITA / CHASSÈ, KARL AUGUST / RASCH, KONSTANZE (2005): *Meine Familie ist arm: Wie Kinder im Grundschulalter Armut erleben und bewältigen.* VS, Verlag für Sozialwissenschaften. 3. Auflage. Wiesbaden.

ZIMMERMANN, PETER [HRSG.] (2006): *Dokumentarfilm im Umbruch: Kino, Fernsehen, neue Medien.* UVK. Konstanz.

ZIMMERMANN, PETER [HRSG.] (1994): *Fernseh- Dokumentarismus: Bilanz und Perspektiven.* UVK- Medien Ölschläger. 2. Auflage. Konstanz.

Internetquellen:

3SAT (2008): *ARD- exclusiv – Spannung garantiert.*

    http://www.3sat.de/3sat.php?http://www.3sat.de/ard/23170/index.html

    [Datenabruf vom 09.02.2008, um 16:12 Uhr.]

ARD (2007): ``*Mama hat kein Geld – Kinder am Rande der Gesellschaft*``, Reportage im Ersten von Liz Wieskerstrauch, 2007.

    http://daserste.ndr.de/reportageunddokumentation/rep108.html

    [Datenabruf vom 16.11.2008, um 01:08 Uhr.]

ARD (2008): ARD Exclusiv ``*Straßenkinder – Wenn das Zuhause kaputt geht.*``, Reportage von Detlev Koßmann für den SWR.

    http://www.daserste.de/doku/beitrag_dyn~uid,y1k4ugi12avqzq2o~cm.asp

    [Datenabruf vom 19.02.2009, um 15:31 Uhr.]

ARTE (2005): *Themenabend: Arme Kinder - Kinderarmut in Europa.*

    http://www.arte.tv/de/Willkommen/kinderarmut/1055326.html

    [Datenabruf vom 16.11.2008, um 01:25 Uhr.]

BRODER, HENRYK M. (2007): *ARD Reportage* ``*Prekariat? Hier werden Sie geholfen!*``. Spiegel Online Kultur.

    http://www.spiegel.de/kultur/gesellschaft/0,1518,498995,00.html

    [Datenabruf vom 09.02.2009, um 02:45 Uhr.]

CINEFACTS GMBH (2009): *ARD Exclusiv Reportagen und Dokumentationen.*

    http://www.cinefacts.de/tv/details.php?id=krkbe2000000000001459173

    [Datenabruf vom 27.02.2009, um 01:49 Uhr.]

FOCUS TV (2008): ``*Alles für den Hund! Straßenkids und ihre Vierbeiner.*``. Reportage. SAT 1.

http://www.focus.de/focustv/focustv-reportage/13-10-2008-um-23-10-uhr-in-sat-1-alles-fuer-den-hund-strassenkids-und-ihre-vierbeiner_aid_339237.html

[Datenabruf vom 24.02.2009, um 17:35 Uhr.]

FRANKFURTER TAFEL [E.V.] (2008): *Thema: Armut.*

http://www.frankfurter-tafel.de/armut.php

[Datenabruf vom 16.11.2008, um 01:45 Uhr.]

GÄBLER, BERND (2006): *Die Medienkolumne - Die Unterschicht und das Fernsehen.*

http://www.stern.de/unterhaltung/tv/:Die-Medienkolumne-Die-Unterschicht-Fernsehen/576861.html

[Datenabruf vom 16.11.2008, um 01:54 Uhr.]

GENTNER, INGO (2007): ``*Häppchenjournalismus auf dem Vormarsch. Umstrukturierungspläne provozieren ARD-internen Streit.*``

http://www.viva.de/film.php?op=tv-extra&what=show&Artikel_ID=52914

[Datenabruf vom 09.02.2009, um 01:54 Uhr.]

HOLLSTEIN, MIRIAM (2007): *Armut – Wie Kinder in Deutschland von Hartz IV leben.*

http://www.welt.de/politik/article1196405/Wie_Kinder_in_Deutschland_mit_Hartz_IV_leben.html

[Datenabruf vom 16.11.2008, um 01:13 Uhr.]

HR (2006): Hessen Reporter ``*Eine Familie ganz unten.*``, Reportage von Rütger Haarhaus für den Hessischen Rundfunk.

http://www.hr-online.de/website/fernsehen/sendungen/index.jsp?rubrik=21920&key=standard_document_27753154

[Datenabruf vom 27.02.2009, um 02:01 Uhr.]

IDEALO INTERNET GMBH (2007): *RTL Reporter auf Hartz- IV – Arm für einen Monat*

http://news.idealo.de/news/6291-rtl-reporter-hartz-iv-armut.html

[Datenabruf vom 01.02.2009, um 17:03 Uhr.]

MAGOLEY, NINA (2006): ``*Suppe und ein Stück Normalität – Besuch in der Kinder-Suppenküche in Gütersloh*`` *Reportage.*

http://www.wdr.de/themen/panorama/gesellschaft/familie/kinder/suppenkueche/index.jhtml

[Datenabruf vom 16.11.2008, um 01:22 Uhr.]

MAXDOME (2009): *We are family! Staffel 4 Folge 103*

http://www.maxdome.de/tv_highlights/doku_magazin/waf/video/08957/

[Datenabruf vom 24.02.2009, um 18:06 Uhr.]

MDR [NAH_DRAN] (2008): ``*Schlange stehen für altes Brot – Armut in Deutschland*``, Reportage im MDR Fernsehen von Hauke Wendler, 2008.

http://www.mdr.de/nah_dran/5305593.html

[Datenabruf vom 05.12.2008, um 12:28 Uhr.]

MEDIENMAGAZIN DWDL.DE GMBH (2007): *Quoten ARD Exclusiv Die Reportage*

http://www.dwdl.de/article/news_12055,00.html

[Datenabruf vom 27.02.2009, um 01:54 Uhr.]

MEDIENMAGAZIN DWDL.DE GMBH (2007): *Quoten Promi We are family*

http://www.dwdl.de/article/news_11782,00.html

[Datenabruf vom 26.02.2009, um 12:54 Uhr.]

MEGAHERZ [GMBH] (2001): ``*Denk ich an Deutschland*`` *- Folge 5* ``*Angst spür ich wo kein Herz ist" von Sherry Hormann, 1998.*

http://www.megaherz.org/content/fs.asp?datei=main_produktionen_serien_denk_ich_start.asp&farbe=2

[Datenabruf vom 16.11.2008, um 01:47 Uhr.]

MINIATUR WUNDERLAND HAMBURG [GMBH] (2007): ``*VOX Spiegel TV Extra (Wiederholung)*``. Forum.

  http://www.miniatur-wunderland.de/community/forum/vox-78-2315-0010-uhr-spiegel-tv-extra-(wiederholung)-t14175.html

  [Datenabruf vom 09.02.2009, um 16:05 Uhr.]

NIEJAHR, ELISABETH (2001): ``*Kinderarmut – Die große Not der Kleinen*``.

  http://www.zeit.de/2001/51/200151_kinderarmut.xml

  [Datenabruf vom 16.11.2008, um 01:31 Uhr.]

POLIDIA GMBH (2006): *Ein besonders krasser Fall von Agitation gegen Arbeitslose*

  http://www.politik.de/forum/showthread.php?t=142842

  [Datenabruf vom 14.02.2009, um 02:15 Uhr.]

PROSIEBEN (2009): ``*We are family! So lebt Deutschland*``.

  http://www.prosieben.de/lifestyle_magazine/vips/waf/artikel/40189/

  [Datenabruf vom 24.02.2009, um 17:08 Uhr.]

PROSIEBEN (2009): ``*We are family! So lebt Deutschland*``. Forum. Community.

  http://community.prosieben.de/php-bin/prosieben/index.php?page=Board.Index&isReload=1&parentId=6806912&subject=Beworben+f%C3%BCr+WOHNUNGSRENOVIERUNG+-+nicht+f%C3%BCr+Brustvergr%C3%B6%C3%9Ferung&context=thread&senderId=ThreadList#anchor

  [Datenabruf vom 24.02.2009, um 17:15Uhr.]

RTL (2007): Explosiv 3 Teiler ``*Die Hartz- IV- Kinder*``.

  http://www.rtl.de/tv/tv_948732.php

  [Datenabruf vom 27.02.2009, um 01:08 Uhr.]

RTL (2007): Explosiv ``*Das Hartz- IV- Mädchen*``.

  http://www.rtl.de/tv/tv_961364.php

  [Datenabruf vom 27.02.2009, um 01:10 Uhr.]

RTV (2006): ``*We are family! Heute werde ich ein Star!* ``.

http://www.rtv.de/forum/viewtopic.php?t=691

[Datenabruf vom 09.02.2009, um 17:08 Uhr.]

SCHÄCHTER, MARKUS [3SAT] (2006): ``*Mama General* `` - *Dokumentarfilm von Peter Heller und Sylvie Banuls, Deutschland 1997.*

http://www.3sat.de/3sat.php?http://www.3sat.de/specials/96157/index.html

[Datenabruf vom 16.11.2008, um 01:49 Uhr.]

SOUTH & BROWSE GMBH (2007): *Produktionsfirma u.a. für das Format We are family*

http://www.south-and-browse.com/content/start.php

[Datenabruf vom 24.02.2009, um 15:42 Uhr.]

SPIEGELNET GMBH (2007): *Spiegel TV.*

http://www.spiegelgruppe.de/spiegelgruppe/home.nsf/Navigation/3012C9E
073823EA8C1256F720034CB81?OpenDocument

[Datenabruf vom 24.02.2009, um 17:45 Uhr.]

SPIEGEL TV [EXTRA] (2007): ``*Kinderarmut in Deutschland – Kaum Geld und Trübe Aussichten* `` - *Reportage 2007.*

http://www.spiegel.de/sptv/extra/0,1518,522987,00.html

[Datenabruf vom 16.11.2008, um 01:27 Uhr.]

STERN TV [VOX] (2008): ``*Aus denen wird doch nix! – Kinder am Rande der Gesellschaft* `` - *Reportage 2007.*

http://www.stern.de/tv/reportage/:Reportage-VOX-Aus/607339.html

[Datenabruf vom 16.11.2008, um 01:36 Uhr.]

STERN TV [VOX] (2009): ``*Arm oder reich? – Kinder in Deutschland.*`` - *Reportage 2009.*

  http://www.stern.de/tv/reportage/:Reportage-VOX-Arm-Kinder-Deutschland/646731.html

  [Datenabruf vom 24.02.2009, um 17:27 Uhr.]

WDR (2008): ``*Die Hartz- IV Schule*`` - *Reportage 2008.*

  http://www.wdr.de/tv/diestory/sendungsbeitraege/2008/0707/index.jsp

  [Datenabruf vom 24.02.2009, um 17:26 Uhr.]

WIRAG, LINO (2008): ``*Kinder in Deutschland – zu arm und zu blöd?*`` - *Reportage.*

  http://www.welt.de/satire/article1647898/Kinder_in_Deutschland_zu_arm_und_zu_bloed.html

  [Datenabruf vom 16.11.2008, um 01:42 Uhr.]

Filmquellen:

REPORTAGEN

HAARHAUS, RÜTGER (2007): ARD Exclusiv Die Reportage ``*Eine Familie und ihre Helfer vom Amt*``. 30 Minuten, DF, ARD, Erstausstrahlung 08.08.2007, 21:45 bis 22:15 Uhr. [Fernsehaufzeichnung]

STREHLITZ, AXEL (2007): SPIEGEL TV EXTRA. ``*Kaum Geld und trübe Aussichten – Kinderarmut in Deutschland*``. 41 Minuten, DF, VOX, Erstausstrahlung 18.12.2007, 23:15 bis 00:10 Uhr. [Fernsehaufzeichnung]

WALPER, NICOLE (2007): We are family – So lebt Deutschland. ``*Heute fange ich mein neues Leben an*``. 46 Minuten, DF, Pro7, Erstausstrahlung 28.06.2007, 13:00 bis 14:00 Uhr. [abrufbar unter www.maxdome.de]

Claudia Hörnicke wurde 1983 in Oranienburg geboren und verbrachte den Grossteil ihrer Kindheit am Stettiner Haff. Später begann sie ihr Studium der Theater-, Film- und Medienwissenschaft, Psychologie und Germanistik an der Johann Wolfgang von Goethe Universität Frankfurt am Main. Dieses schloss die Autorin im Jahr 2009 mit dem akademischen Grad der Magistra Artium erfolgreich ab. Bereits während des Studiums sammelte sie Erfahrungen im Analysieren von Film- und Fernsehbeiträgen. Vor allem die aktuelle deutsche Film- und Fernsehlandschaft interessierte die Autorin. Die grösste Anziehungskraft hatten hierbei Dokumentationen und Reportagen. Die intensive Beschäftigung mit diesen Medien auch ausserhalb von Seminaren, führte zum vorliegenden Buch. Die Begrenzung der Analyse auf den Schwerpunkt Kinderarmut ergibt sich aus dessen Aktualität und Brisanz in unserer heutigen Gesellschaft.